국내 유일
신문과 양서가
만난
초등학생용
독서논술
지도서

시사가 있는
독서토론

행복한 논술 편집부
www.niefather.com

1~2학년 필독서 12권
입체 분석!

초급 3호

2주에 1권
완전 정복!

시사가 있는
독서토론

차례 보기

01	『미생물을 먹은 돼지-미생물의 종류와 하는 일』 우리를 둘러싼 미생물 이야기	………………	4
02	『아홉 살 사장님』 부자가 되려면 낭비 습관부터 버려야	………………	11
03	『이슬람의 기쁨 라마단』 이슬람교의 라마단 지내는 과정 담아	………………	18
04	『호기심 대장』 호기심이 자라서 꿈을 키우게 해요	………………	25
05	『일기 도서관』 진짜 속마음을 일기에 적어봐요	………………	32
06	『진짜 도둑』 믿음이 깨지면 모두 불행해져요	………………	39
07	『옥수수 할아버지』 새터민 할아버지와 삼총사가 나눈 정 이야기	………………	46
08	『꼬질꼬질 구리구리 지구가 몸살 났어요』 지구를 살리는 생활 습관	………………	53
09	『지도 따라 한 장 한 장 펼쳐 보는 한국의 유네스코 세계유산』 조상이 남긴 위대한 문화유산	………………	60
10	『우리 반 암행어사』 바람직한 리더가 갖춰야 할 조건	………………	67
11	『왜 맛있는 건 다 나쁠까?-어린이 행복 수업 건강』 몸도 마음도 튼튼해지는 행복한 건강 수업	………………	74
12	『큰형 학교 똥장 반장』 책임감이 보람과 성취감을 줘요	………………	81
	○ 답안과 풀이	………………	88

1 『미생물을 먹은 돼지-미생물의 종류와 하는 일』

우리를 둘러싼 미생물 이야기

『미생물을 먹은 돼지
-미생물의 종류와 하는 일』

백명식 지음, 내인생의책 펴냄, 48쪽

 줄거리

꼬질이 아저씨가 돼지 삼총사의 옆집에 이사왔어요. 친절한데다 키도 크고 목소리도 멋있어요. 그런데 아저씨는 밥을 먹기 전에도, 화장실에 다녀와서도 손을 씻지 않아요. 손톱에 때도 까맣고, 옷도 꼬질꼬질했어요. 꼬질이 아저씨가 갑자기 배가 아파요. 피그 박사님은 미생물 때문에 아저씨가 식중독에 걸렸다고 합니다. 삼총사와 박사님은 아저씨를 아프게 한 미생물을 찾기 위해 연필호를 타고 몸속으로 들어갔어요. 몸속 여행을 하며, 수많은 병사들이 나쁜 세균을 공격해 이기는 모습을 봅니다. 그런데 돼지 삼총사 가운데 도니가 감기에 걸렸어요. 도니는 콧물이 줄줄 흐르고 열이 났지만, 피그 박사님이 주신 약과 건강에 좋은 음식을 먹고 금세 나았어요.

본문 맛보기

꼬질이 아저씨와 병균들이 싸우다

화창한 어느 날, 꼬질이 아저씨가 배를 움켜쥐고 데굴데굴 굴렀어요. 삼총사는 얼른 피그 박사님을 모셔왔어요.

"식중독이야. 배속에서 미생물들이 난리를 피우는구나."

아저씨는 화장실을 들락거리며 토하고 설사를 하다 지쳐 잠이 들었어요. 아저씨를 괴롭히는 미생물은 무엇일까요?

돼지 삼총사와 피그 박사님은 연필호를 타고 아저씨의 몸속으로 들어갔어요.

"이건 또 뭐야. 제법 먹음직하게 생겼는걸."

연필호가 장에 도착했을 때, 삼총사 일행은 순식간에 세균들에게 포위당했어요. 그때 "와!" 하는 함성과 함께 수많은 병사들이 나타나 병균들을 공격했어요. 병균들은 꽁무니를 빼고 도망갔지요.

"도대체 누가 이 많은 병사들을 보냈을까요?"

"아저씨 몸 스스로 면역 장치를 가동한 거란다."

박사님 말씀에 삼총사의 눈이 동그래졌어요.

연필호는 아저씨가 똥을 누는 틈을 타 몸 밖으로 빠져나왔어요.

"정말 고마워. 너희들 덕분에 살았어."

꼬질이 아저씨가 밝은 표정으로 인사했어요. 사실 아저씨 몸 스스로 나은 건데, 그 사실을 전혀 모르시나봐요. (13~24쪽)

 이런 뜻이에요

미생물 매우 작아 눈으로 볼 수 없는 생물로, 세균과 바이러스도 미생물에 속한다.
면역 몸속에 들어온 병원균에 대항하는 힘.

 본문 맛보기

삼총사 도니가 감기에 걸리다

이번에는 도니의 몸이 아팠어요. 목이 따끔거리고 콧물이 줄줄 흘러내렸지요. 겨우 학교에 갔지만 콜록콜록 기침이 나고, 열이 높이 올라 조퇴를 했어요.

피그 박사님이 약을 들고 들어오셨어요.

"꼭 먹어야 해요?"

"걱정 마라. 이 약은 달콤해서 먹기 쉬울 거야. 그리고 이번 기회에 예방 주사도 맞도록 하자."

박사님이 빙그레 웃으셨어요. 주사가 맞기 싫은 도니는 고개를 푹 숙였지요.

식탁에 된장찌개와 김치, 치즈가 놓여 있었어요.

"감기 때문인지 밥맛이 없어요."

도니가 딴청을 피웠어요. 사실 반찬이 마음에 들지 않았거든요.

"우리 몸을 건강하게 만드는 미생물 음식이란다. 모두 발효 음식이지. 입맛이 없어도 먹어두렴."

박사님의 말씀에 도니가 밥 한 그릇을 뚝딱 비웠어요.

"얘들아, 내 몸속에 들어가서 나쁜 병균들을 모두 처치해 줘."

도니의 감기가 나은 뒤, 꼬질이 아저씨가 딴사람이 되어 나타났어요. 아주 깨끗해진 아저씨는 몰라 볼 정도로 달라져 있었어요.

"헤헤. 나도 이제 나쁜 세균 말고 착한 세균이랑 친구 하려고."

미생물은 눈에 보이지 않지만, 우리와 함께 사는 친구랍니다. (27~38쪽)

 이런 뜻이에요

발효 음식 음식을 오래 두어 미생물이 달라붙어 사람 몸에 좋게 변한 음식.

# 생각이 쑤욱

1 꼬질이 아저씨는 왜 식중독에 걸렸을까요?

▶ 아저씨가 평소에 생활하던 모습을 생각해요.

2 감기에 걸렸을 때 도니의 몸에는 어떤 증상이 일어났나요?

3 꼬질이 아저씨가 꼬질꼬질했을 때, 아저씨의 손에는 어떤 병균들이 있었을지 상상해서 그려요.

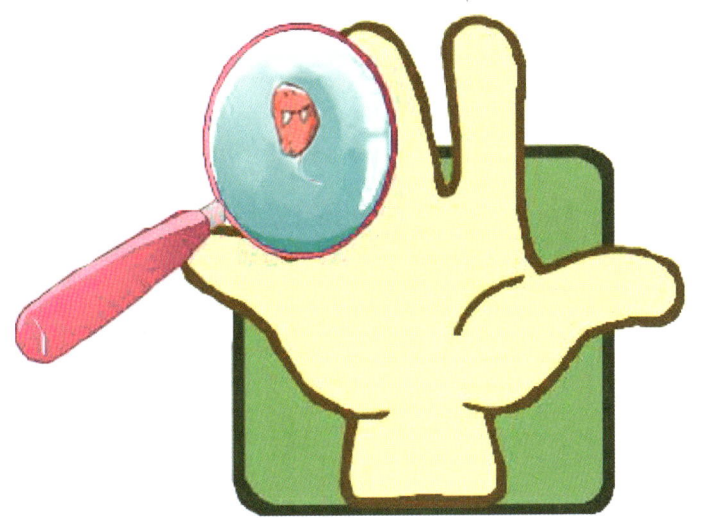

 머리에 쏘옥

열이 왜 날까

사람의 몸속에서 병균의 수가 늘어나면 뇌가 명령을 내려 온몸에 열이 나게 해요. 병균과 싸우기 위해 몸이 적극적으로 움직이는 것이죠. 열이 나면 병균의 수가 줄어요. 그래서 무조건 열을 낮추려고 약을 먹는 것은 바람직하지 못하다는 의견도 있어요. 몸살이 나는 것도 그동안 지친 몸을 쉬게 만들어 스스로를 보호하려는 노력입니다.

미생물은 어떻게 생겼을까

미생물의 종류는 다양합니다. 그 가운데 사람 몸에 질병을 일으키는 나쁜 미생물을 병균이라고 불러요. 빵과 된장을 맛있게 만드는 것도 미생물이지요.

미생물을 현미경으로 보면 막대기 모양, 둥근 모양, 나사 모양에 털이 달린 것까지 제각각입니다.

생각이 쑤욱

4 세상에는 많은 병균들이 있지만, 사람들이 모두 병에 걸리는 건 아닌데, 왜 그럴까요?

병균은 평소에 _____ _____을 규칙적으로 한 아이들의 몸속으로는 잘 들어가지 못한다. 들어가도 금방 _____ _____ 때문이다.

5 '본문 맛보기'처럼 사람의 몸은 약이나 주사약이 없어도 병균들을 막을 수 있는 면역 장치가 있어요. 몸에 있는 면역 장치를 표시하고 무엇인지 설명해요.

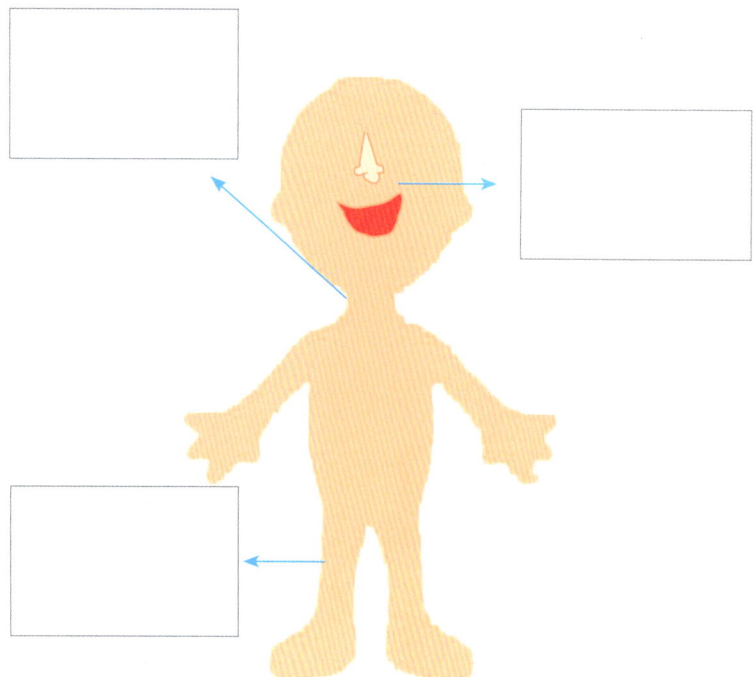

머리에 쏘옥

왜 병에 걸릴까

주변에는 건강을 위협하는 것들이 많습니다. 숨 쉬는 공기, 먹고 마시는 음식과 물, 다른 사람과의 접촉 등을 통해 건강에 좋지 않은 물질이 쉴 새 없이 몸속으로 들어오지요.

사람의 몸은 외부의 침입을 방어해 대부분의 위험을 이겨냅니다. 하지만 방어하지 못할 때 몸의 균형이 깨지며 병이 나게 됩니다.

스스로 지키는 건강

몸에 병균이 들어오면 가장 먼저 피부가 방어벽을 만듭니다. 코나 입처럼 피부로 막혀 있지 않은 곳은 털이나 미끌미끌한 점액이 보호하지요. 또 침이나 콧물 속에는 병균이 자라지 못하게 방해하는 물질이 들어있어요.

몸속으로 살아 들어온 병균은, 백혈구라 불리는 방어 병사들이 출동해 처리합니다.

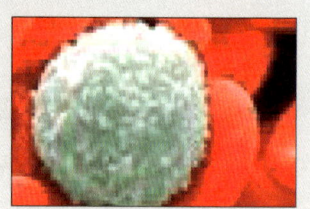

○ 백혈구

6 행복이는 독감 예방 접종을 무서워해요. 아래 만화의 마지막 장면을 완성해 행복이를 설득하세요.

머리에 쏘옥

감기와 독감

감기와 독감은 비슷해 보여도 다른 병이랍니다. 독감은 감기보다 증상이 심하고 고열과 근육통이 생겨요. 독감을 일으키는 것은 인플루엔자 바이러스랍니다. 아침저녁 온도 차가 심해지면 면역력이 약한 노인과 어린이는 꼭 예방 주사를 맞아야 해요.

예방 접종 도우미 사이트
(https://nip.cdc.go.kr)

이 사이트는 정부가 올바른 예방 지식을 알리고, 예방 접종률을 높이기 위해 만들었어요.

회원으로 가입하고 정보를 넣으면, 내가 어떤 예방 주사를 맞았는지 확인할 수 있고, 접종 알람 서비스도 받을 수 있어요.

○ 접종 도우미 사이트 QR 코드

7 사람을 괴롭히는 질병 가운데 미리 주사를 맞으면 예방이 가능한 것들이 있어요. 어떤 질병들이 있는지, 부모님과 함께 인터넷의 접종 도우미 사이트를 검색해 찾아봐요.

생각이 쑤욱

8 말판 게임을 하며 책의 내용을 떠올려보세요.

출발 → 도착 ↑	꼬질이 아저씨는 평소 손을 잘 씻지 않았어요.	미생물은 눈에 보이지 않는 작은 생물을 말해요.	뒤로 한 칸
꽝! 한 번 쉬기			미생물은 모두 사람 몸에 질병을 일으켜요.
감기와 독감은 다른 질병이에요.	\<게임 방법\> 1. 순서를 정해요. 2. 주사위를 던져 홀수가 나오면 한 칸, 짝수가 나오면 두 칸을 앞으로 나가요. 3. 도착한 칸의 문제를 풀어요. 정답이 아니면 원래 자리로 돌아가요. 4. 도착점에 말이 도착하면 이겨요.		꽝! 한 번 쉬기
발효 식품은 건강에 좋은 음식이에요.			열이 나면 무조건 약을 먹는 게 좋아요.
앞으로 한 칸	면역력을 키우려면 운동을 무조건 많이 해요.	몸속에 침입한 병균과 싸우는 것은 백혈구예요.	사람 몸이 병균과 싸울 때 열이 나요.

2 『아홉 살 사장님』

부자가 되려면 낭비 습관부터 버려야

『아홉 살 사장님』

서지원 지음, 예림당 펴냄, 120쪽

 줄거리

다빈이는 엄마 아빠와 쇼핑을 하면서 사고 싶은 물건을 모두 사요. 그래서 돈이 최고라고 생각하지요. 돈을 많이 벌어 마음껏 쓰는 것이 꿈이에요. 학교에서는 친구들에게 사놓고 쓰지 않은 지우개를 나눠 주고, 불량 식품도 사 줬어요. 그런데 엄마 몰래 학원비를 써 쫓겨나고, 동네에서 재활용품을 모으는 할아버지를 만나지요. 그리고 비렁뱅이라고 생각했던 할아버지가 대통령에게 상을 받은 회장님이었다는 사실도 알아요. 할아버지에게 부자가 되는 법을 배우기 위해 벼룩시장에서 물건도 팔아요. 다빈이는 할아버지를 통해 부자가 되려면 절약부터 실천해야 한다고 배웁니다.

묻고 답하기

1. 아이들이 왜 우리 반에는 거지와 부자가 있다고 말했나요?

2. 다빈이가 부자들은 행복할 거라고 생각한 이유를 말해 보세요.

3. 바자회에서 할아버지는 진짜 부자가 되는 법이 무엇이라고 했나요?

4. 선생님이 기부 천사에 관한 영상을 보여주고 나서 기부를 어떻게 하는 것이라고 했나요?

5. 선생님이 절약은 천천히 빨아먹는 사탕이라고 말한 이유는?

 본문 맛보기

절약하면 행복해져요

놀이터에서 우리 동네 비렁뱅이 할아버지를 만났다. 그런데 알고 보니 그 할아버지가 청와대에 초청 받아 대통령까지 만난 회장님이었다! 아무도 내 말을 믿지 않을 것이다.

할아버지는 아주 큰 회사의 회장님이었고, 상도 많이 받았다고 한다. 그런데 왜 물건을 주워 쓸까? 돈을 다 써버린 걸까?

할아버지도 선생님처럼 절약해야 한다는 이야기를 했다. 하지만 난 부자가 되면 절약같은 건 안 할 거다. 절약은 귀찮다. 돈을 펑펑 물처럼 쓸 거다.

그런데 할아버지는 돈은 아무리 많아도 행복해지지 않고, 절약을 하면 행복해지는 법을 알게 된다고 말했다. 아직도 할아버지의 말씀을 알 수 없다. 어쨌든 주말에 할아버지가 부자가 되는 법을 알려 주시기로 했으니 열심히 배워서 사장이 되었으면 좋겠다.

정다빈 사장님! 아, 상상만 해도 정말 멋지다!

생각이 쑤욱

1 다빈이네 가족은 뷔페에서 음식을 남겨 벌금을 냈어요. 뷔페 식당 주인 아저씨는 벌금을 모아 아프리카 어린이들에게 보낸다고 했어요. 왜 아프리카 어린이에게 돈을 보내는 걸까요?

....
....
....
....
....

2 선생님은 사람의 욕심이 끝이 없다고 했어요. 욕심의 노예가 되지 않으려면 마음을 절제해야 한다고 하셨죠. 욕심을 부렸던 경험이 있다면 말하고, 다음부터는 어떻게 절제할지 다짐해 보세요.

☞ 다빈이는 뷔페에서 다 먹지 못할 음식에 욕심을 부렸고, 마트에서는 사용하지도 않을 무좀약을 샀어요.

욕심을 부렸던 경험	욕심 부리지 않을 거예요

머리에 쑤욱

아프리카를 도와요

우리나라는 1950년에 6·25 전쟁이 일어났어요. 이 전쟁으로 남한과 북한이 갈라졌지요. 전쟁으로 집이 무너지고 땅도 쓸 수 없게 되었지요. 먹을 것도 없고, 다친 사람들도 많았어요.

우리나라가 어려운 상황에 놓여 있을 때 세계 여러 나라들이 우리를 도왔어요. 이러한 도움 덕분에 무너진 집을 다시 세우고, 다친 사람들도 치료를 받을 수 있었지요. 굶주렸던 어린이들도 세계 여러 나라에서 보내준 음식을 먹고 건강을 되찾았지요.

우리나라가 과거에 다른 나라들의 도움을 받아 어려움을 이겨냈듯이. 이제는 다른 나라를 도와야 해요. 특히 아프리카에는 병들고 굶주린 어린이들이 많아 세계 여러 나라들이 돕고 있어요.

우리나라 의사 선생님들은 무료로 병을 고쳐 주고, 자원봉사자들은 아픈 어린이들을 돌보며 공부도 가르쳐 주지요.

✿ 아프리카 학생들에게 리코더를 가르치는 자원봉사자.

3 다빈이는 엄마가 학원비를 내라며 준 돈으로 친구들에게 불량 식품을 사 줬어요. 그리고 돈이 없으면 친구도 없다고 생각했죠. 여러분도 돈이 없으면 친구를 사귈 수 없다고 생각하는지 말해 보세요.

☞ 〈생각해 볼 문제〉
　－돈으로 무엇이든 살 수 있나요?
　－지금 사귀는 친구는 어떻게 친해졌나요?

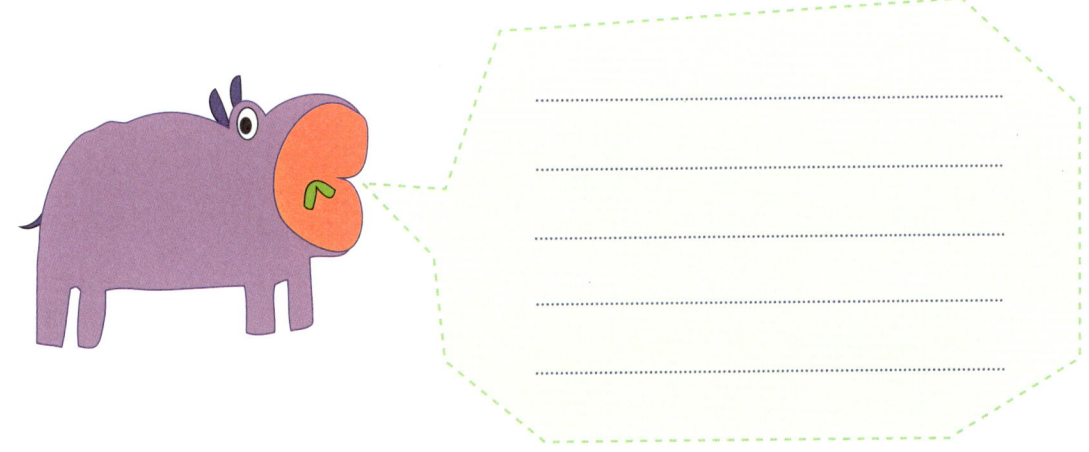

4 '본문 맛보기'에서 다빈이는 부자가 되면 돈을 물처럼 쓴다고 했어요. 다빈이에게 돈을 절약해야 하는 이유를 설명하세요.

☞ 할아버지는 다빈이에게 돈이 아무리 많아도 행복해지지 않고, 절약하면 행복해지는 법을 알게 된다고 했어요.

생각이 쑤욱

5 다빈이는 할아버지에게 부자가 되는 방법을 배웠어요. 자신이 생각하기에 부자가 되는 방법을 두 개 더 적고, 그 이유도 대 보세요.

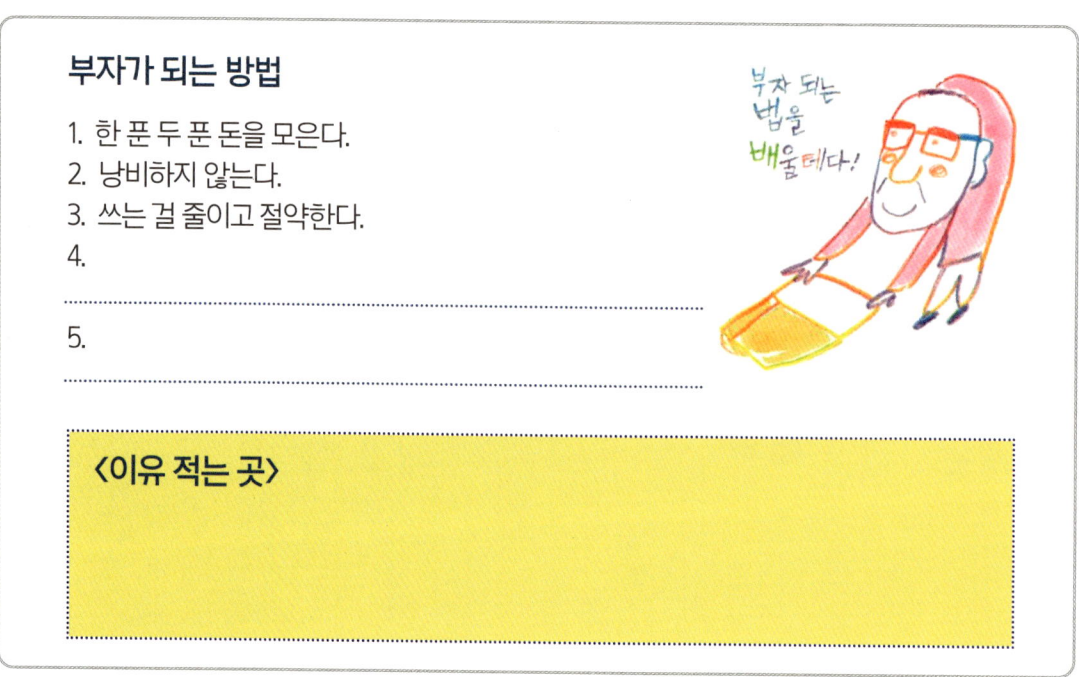

부자가 되는 방법

1. 한 푼 두 푼 돈을 모은다.
2. 낭비하지 않는다.
3. 쓰는 걸 줄이고 절약한다.
4. _____
5. _____

〈이유 적는 곳〉

6 다빈이는 벼룩시장에서 재활용품을 파는 아홉 살 사장님이에요. 방송국에서 다빈이를 취재하러 나왔는데, 인터뷰를 완성하세요.

☞다빈이는 할아버지와 함께 벼룩시장에서 물건을 팔아요. 그리고 할아버지께 진정한 부자는 번 것을 다른 사람과 나눈다는 사실을 배웠어요.

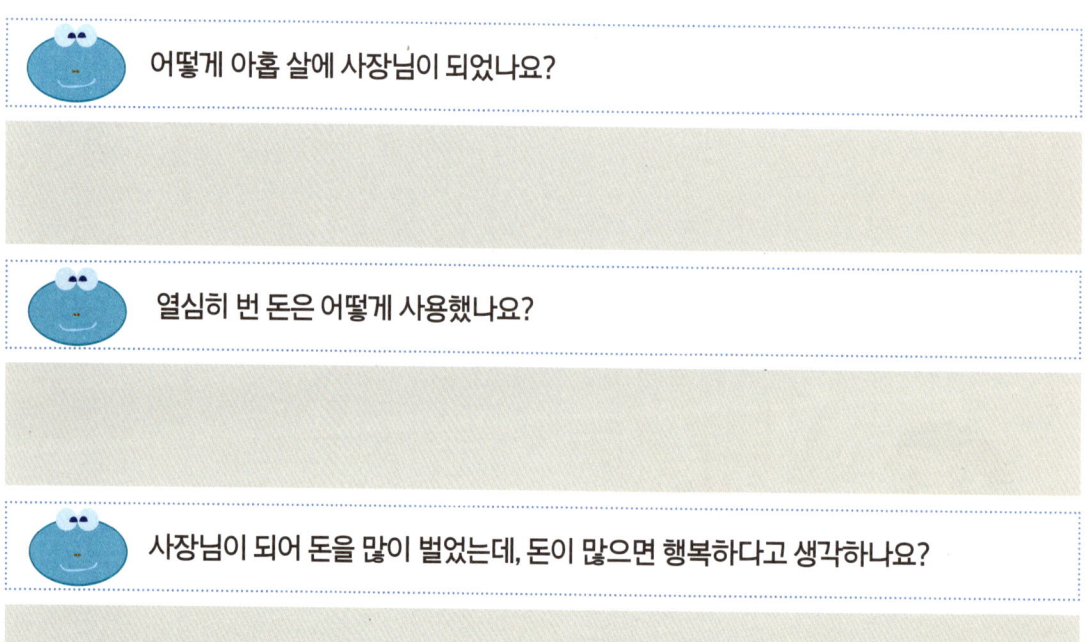

- 어떻게 아홉 살에 사장님이 되었나요?

- 열심히 번 돈은 어떻게 사용했나요?

- 사장님이 되어 돈을 많이 벌었는데, 돈이 많으면 행복하다고 생각하나요?

7 기부는 꼭 돈으로만 할 수 있는 것이 아닙니다. 재능 기부는 자신의 재능을 다른 사람들과 나누는 것이지요. 재능이나 특기를 다른 사람에게 전할 경우 여러 사람들에게 도움을 줄 수 있어요. 아래 글을 참고해 자신은 어떤 재능을 기부할 수 있는지 1분 동안 설명해요.

> 인기 만화가들이 재능 기부에 나섰어요. 서울국제만화애니메이션페스티벌은 착한 나눔 실천을 위한 기부 캠페인을 펼쳐요. 이 캠페인은 만화를 통해 소외된 이웃에게 나눔을 실천하기 위해 만들어졌어요. 사람들은 유명 만화가들이 재능 기부로 만든 만화 작품을 살 수도 있어요. 작품을 판 돈은 어려운 사람들을 위해 쓰이지요.

☞ ① 기부가 왜 필요한지 말해 주세요.
② 돈을 모아 기부하는 것도 좋지만, 자신의 재능을 다른 사람들과 나눌 수 있다는 것도 좋아요.
③ 어떤 재능을 다른 사람들과 나누고 싶은지 생각하세요.

3 『이슬람의 기쁨 라마단』

이슬람교의 라마단 지내는 과정 담아

『이슬람의 기쁨 라마단』

나이마 로버트 지음, 스푼북 펴냄, 32쪽

 줄거리

　이슬람교를 믿는 소녀가 라마단을 지내는 과정을 이야기 형식으로 풀었습니다. 이슬람교는 불교, 기독교와 함께 세계 3대 종교입니다. 이슬람교를 믿는 사람들을 무슬림이라고 합니다. 이슬람교에서는 라마단이라는 행사가 있습니다. 이슬람 달력에서 9월을 라마단이라고 합니다. 라마단에 초승달이 뜨면 행사가 시작되는데, 그 다음 초승달이 뜰 때까지 계속됩니다. 라마단에는 모든 이슬람교 신자들이 이슬람 사원인 모스크에 모여 기도합니다. 이슬람에서 믿는 알라의 가르침이 담긴 경전인 꾸란을 외우기도 합니다. 라마단 기간의 낮에는 물과 음식을 먹을 수 없습니다. 배가 고프고 고통스럽겠지만, 이슬람교를 믿는 사람들에게는 행복한 시간이랍니다.

 본문 맛보기

아홉 번째 초승달이 뜨면 라마단 시작

이슬람 달력에서 아홉 번째 달인 라마단이 다가오면 조용히 기도하며 그날을 기다리지요.

때가 되면 밤하늘을 올려다보며 특별한 표시를 찾아요.

"저기 눈썹 모양으로 반짝이는 초승달이 보여요!" 동생이 소리쳤어요.

사람들은 초승달의 신비를 느껴요.

"라마단이 시작됐다!"

이 소식은 도깨비불처럼 빠르게 퍼져 나가요.

사막과 초원을 지나 바다를 건너서 도시와 시골의 마을 곳곳까지 멀리멀리 퍼져 나가요.

이슬람교를 믿는 사람들은 이 소식을 듣고 기뻐하지요.

어디에 살든 피부가 무슨 색이든 나이가 몇 살이든 상관없이 말이에요.

할아버지, 할머니, 엄마, 아빠, 아이들 모두 이슬람 사원에 모여 기도를 하지요.

이슬람 사원에는 꾸란을 외우는 소리가 울려 퍼져요.

꾸란은 신의 가르침을 담은 아주 오래된 책이지요.

"자비로우시고 자애로우신 신의 이름으로…"(4~9쪽)

 본문 맛보기

라마단의 낮에는 음식을 먹지 않아요

우리는 깜깜한 이른 새벽에 졸린 눈을 비비며 일어나요.

그리고 죽을 조금 먹어요.

라마단에는 해가 떠 있는 동안 아무것도 안 먹으니까 미리 조금 먹어두는 거예요.

아빠가 맑은 목소리로 외쳐요.

"모두 기도하자꾸나!"

우리 가족은 모두 모여 아침이 오기 전까지 기도를 해요.

낮에는 음식을 먹지 않아 배가 고파요.

하지만 해가 지면 가족이 모두 모여서 저녁을 먹는답니다.

엄마가 음식을 내오며 우리에게 일러줘요.

"애들아, 감사히 저녁을 먹고 겸손한 마음으로 가난한 이웃을 생각해야 해."(중략)

우리는 다른 사람에게 친절하고 예의 바르게 행동할 것을 다짐하지요. 그리고 가난한 이웃에게 나눠 줄 돈을 모으고 물건을 챙겨요. (중략)

이제 라마단의 달이 다시 날씬해져 가요.

라마단이 끝나 가지만 우리는

더 많이 나누고,

더 많이 기도하며,

더 많이 착한 일을 하려고 노력할 거예요. (10~17쪽)

 생각이 쑤욱

1 라마단에 관한 소개입니다. 관계있는 것끼리 연결해요.

① 꾸란 ㉠ 죽을 먹어요.

② 해가 뜨면 ㉡ 아무 것도 먹지 않아요.

③ 초승달 ㉢ 신의 가르침을 담은 책.

④ 해가 뜨기 전 ㉣ 라마단의 시작을 알려요.

⑤ 사원에 모여 ㉤ 기도를 해요.

 머리에 쏘옥

무함마드

○ 무함마드

무함마드는 이슬람교를 만든 사람입니다. 무함마드의 원래 직업은 상인이었습니다. 무함마드는 산에서 명상하던 중에 천사 가브리엘에게 알라의 가르침을 전해 듣습니다.

무함마드는 알라의 가르침을 사람들에게 알리려고 노력합니다. 그러나 귀족들이 모든 사람은 평등하다고 말하는 무함마드를 괴롭혔습니다. 그래서 할 수 없이 메디나라는 곳으로 피합니다. 그리고 그곳에서 이슬람교의 힘을 키우지요.

2 라마단은 어떻게 시작되고 끝나나요? 순서대로 번호를 적어요.

<라마단의 시작과 끝>
① 다시 은빛 초승달이 떠오른다.
② 라마단 달력으로 아홉 번째의 초승달이 뜨기를 기다린다.
③ 아홉 번째 초승달이 뜬다.
④ 감사하는 마음으로 저녁을 먹는다.
⑤ 가족들이 모여 기도한다.
⑥ 이른 새벽에 죽을 먹고 기도할 준비를 한다.
⑦ 내년의 라마단을 기다린다.

( ) → ( ) → ( ) → ( ) → ( ) → ( ) → ( )

생각이 쑤욱

3 행복이가 라마단 기간에 이슬람교를 믿는 주인공 소녀를 만나 인터뷰를 했어요. 주인공은 어떻게 대답했을까요?

> 행복이 : 안녕하세요, 저는 행복이라고 합니다. 라마단이 무엇인가요?
> 주인공 : 라마단은 ＿＿＿＿＿＿＿＿＿＿＿
> ＿＿＿＿＿＿＿＿＿＿＿ (이)랍니다.
> 행복이 : 아, 그렇군요. 라마단은 언제 시작해 언제 끝나요?
> 주인공 : 라마단은 ＿＿＿부터 ＿＿＿까지입니다.
> 행복이 : 라마단 기간에 지켜야 할 것은 무엇이 있나요?
> 주인공 : ＿＿＿＿＿＿＿＿＿＿＿＿＿＿＿
> ＿＿＿＿＿＿＿＿＿＿ 을(를) 지켜야 해요.
> 행복이 : 그럼, 이슬람교를 믿는 사람들은 라마단을 어떻게 생각하나요?
> 주인공 : ＿＿＿＿＿＿＿＿＿＿＿＿＿＿＿
> ＿＿＿＿
> 행복이 : 아, 그렇군요. 그럼 내년의 라마단도 기다리겠네요?
> 주인공 : 예, 내년 라마단도 손꼽아 기다리고 있어요.

머리에 쏘옥

이슬람 달력

이슬람 달력은 이슬람교를 믿는 사람들이 사용하는 날짜 계산법입니다. 달의 움직임을 기준으로 날짜를 계산하지요. 이슬람 달력의 1년은 354일이에요. 라마단은 이슬람 달력으로 아홉 번째 달에 시작합니다. 2014년의 라마단은 6월 29일부터 7월 27일까지였답니다.

우리나라의 무슬림

우리나라에 이슬람교가 소개된 것은 9세기인 통일신라 때입니다.

1974년 10월 서울 용산구 한남동에 우리나라 최초의 이슬람 사원이 지어졌지요. 지금은 서울을 포함해 대전, 대구, 부산 등 전국에 9개의 사원이 있습니다. 우리 국민 가운데 이슬람교를 믿는 사람은 3만 5000명이고, 우리나라에 있는 외국인 이슬람교 신자는 14만 명 정도입니다.

○ 이슬람교의 경전(가르침을 적은 책)인 꾸란.

4 이슬람교를 믿는 사람들이 라마단 기간에 기도하며 다짐하는 내용이에요. 이들을 본받으려면 우리나라 어린이들은 어떻게 행동하면 좋을까요?

> **<라마단 기간 동안 다짐하는 내용>**
> 다른 사람에게 친절하고 예의바르게 행동한다.
> 다른 사람들을 돕고 나의 것을 나눠 준다.

> **<우리나라 어린이들의 생활>**
> ☞ 친구들에게 먼저 친절하게 인사한다.
> ☞
> ☞
> ☞

5 라마단을 주제로 사진 스크랩북을 만들 거예요. 모아 놓은 사진들에 제목을 붙이고, 사진이 어떤 내용인지 글로 꾸며요.

◯ 라마단을 알리는 초승달 = 라마단은 이슬람 달력으로 아홉 번째 달에 초승달이 뜨면 시작됩니다.

◯ 라마단에는 낮에 음식을 먹지 않아요 =
_____
_____
_____

◯ 사원에 모여요 =
_____
_____
_____
_____
_____
_____
_____

◯ 기도를 해요 =
_____
_____
_____
_____
_____
_____
_____

생각이 쑤욱

6 라마단을 모르는 사람들에게 라마단을 알리는 포스터를 만들어요.

<라마단을 알리는 포스터 만드는 방법>

☆ 라마단 기간, 준비물 등을 적습니다.

☆ 라마단을 나타낼 수 있는 그림을 그려 넣거나 사진을 넣습니다.

☆ 라마단에 지켜야 할 내용을 기록합니다.

<라마단 알리는 포스터 만들기>

4 『호기심 대장』

호기심이 자라서 꿈을 키우게 해요

『호기심 대장』

서지원 지음, 좋은책어린이 펴냄, 66쪽

 줄거리

도연이는 궁금한 게 참 많아요. 딸꾹질은 왜 할까, 똥을 누면 변기 속 똥은 어디로 갈까, 개미집에는 개미들이 몇 마리나 살까 등 시도 때도 없이 질문하지요. 집에서도 학교에서도 질문이 끊이질 않아 부모님과 선생님, 친구들은 도연이를 귀찮아해요. 게다가 엄마가 운전하는 차를 타고서는 종알종알 질문을 해대는 바람에 접촉 사고까지 났지 뭐예요.

도연이는 기가 죽어 조개처럼 입을 꾹 다물고 말았지요. 어른들 말로는 호기심이 많은 사람이 성공한다고 하던데, 도연이는 호기심이 많은 게 나쁜 것일까 고민에 빠졌어요. 그러던 중 도연이는 자신의 궁금증에 대한 답변들로 가득 찬 까만 물음표 책을 읽고 나서 누구에게 질문하지 않아도 스스로 해결할 줄 알았어요. 그리고 도연이는 책에서 배운 응급 조치 방법을 써서 친구를 돕기도 했어요. 그 뒤 선생님과 친구들은 도연이를 대단한 호기심 대장이라고 칭찬했답니다.

 본문 맛보기

궁금한 게 있으면 그냥 넘어가지 마세요

그 순간, 도연이는 또 호기심이 불쑥 솟았어요.

'안경은 왜 잘 보이는 거지? 안경알은 뭘로 만들지? 눈이 좋은 사람이 안경을 쓰면 더 좋아질까?' 하지만 도연이는 입을 꾹 다물었어요. 더 물어봤다가는 교실에서 쫓겨날 것만 같았거든요.

'아, 답답해. 정말 답답해. 어떻게 해야 이 답답한 걸 시원하게 뚫을 수 있을까? 하수구가 막히면 뻥 뚫을 수 있는데, 내 가슴은 어떻게 뚫지?'

도연이는 머리를 흔들었어요. 머릿속에서 물음표들이 마구 엉켜 돌아다니는 것 같았어요.

어느덧 수업이 끝났어요. 도연이는 질문을 참느라 수업 시간 내내 힘들었지요. 집으로 가는 길에 도연이가 아이들을 따라갔어요.

"얘들아, 같이 가자."

아이들은 막 도망쳤어요.

"왜 그래? 같이 가!"

"넌 질문만 하잖아. 우린 네 질문이 듣기 싫어! 저리 가, 이 질문쟁이야."

도연이는 울고 싶어졌어요.

'호기심이 많은 게 나쁜 건가 뭐. 호기심이 많아야 훌륭한 사람이 된다고 그랬는데 선생님도, 부모님도, 친구들도 왜 내 마음을 몰라주지?'

도연이는 그것도 궁금했지만 물어볼 사람이 아무도 없었어요.

책은 호기심을 스스로 해결하는 데 도움을 줘요

도연이는 까만 물음표 책을 펼쳤어요. 그림은 별로 없고, 글자가 아주 많았어요.

차례를 펼치자 별의별 질문들이 빽빽하게 들어있었어요. 책장을 한 장씩 넘길 때마다 그 안에는 질문에 대한 답변들로 꽉 차 있었고요. 도연이는 눈이 점점 커졌어요.

"지구 속에는 무엇이 있을까? 아, 지구 속은 이렇게 생겼구나. 꼭 사과 같네."

도연이의 호기심이 하나 해결됐어요. 마음이 시원해졌어요.

"뼈들은 어떻게 서로 붙어 있을까? 아, 인대라는 게 있구나. 뼈는 붙어 있는 게 아니었어."

도연이는 호기심이 또 하나 해결됐어요. 목욕을 한 것처럼 편안해졌어요.

"발은 왜 간지럼을 탈까? 아하, 간지럼은 피부로 느끼는 건데, 발바닥이 예민해서 그런 거구나. 와! 옛날 그리스에서 사람을 고문할 때 간지럼을 태웠다고?"

도연이의 호기심이 자꾸 해결됐어요. 답답했던 마음이 창문을 열어 놓은 듯 상쾌해졌어요. 도연이는 까만 물음표 책 속으로 흠뻑 빠져들었어요. 가끔 어려운 단어가 나와 이해하기 어려운 것도 있었지만, 지금까지 도연이가 궁금해했던 세상의 모든 호기심들에 대한 답이 다 들어있는 것이었어요.

생각이 쑤욱

1 호기심이 무엇인지 빗대어 표현하고 이유도 적어요.

<보기>
호기심은 (장난감)이다. ➡ 호기심은 내가 심심할 때 즐거움을 준다.

호기심은 (　　　)이다. ➡

2 주인공 도연이와 내가 닮은 점과 다른 점을 생각해 봐요.

호기심

호기심이 많은 어린이는 공부를 잘하고 특기나 적성을 잘 계발하며 창의적이지요.

태어난 지 두 달밖에 안 된 아기도 호기심이 있어요. 신생아 때부터 시작되는 호기심은 창의력과 사고력, 탐구심이라는 결실을 맺지요.

하지만 부모가 아이의 호기심을 존중하지 않으면 호기심의 싹이 꺾이고, 의욕이 없는 아이로 자랄 수 있어요. 발명가 에디슨의 어머니도 에디슨이 생각을 자유롭게 펼칠 수 있도록 항상 격려했다고 합니다.

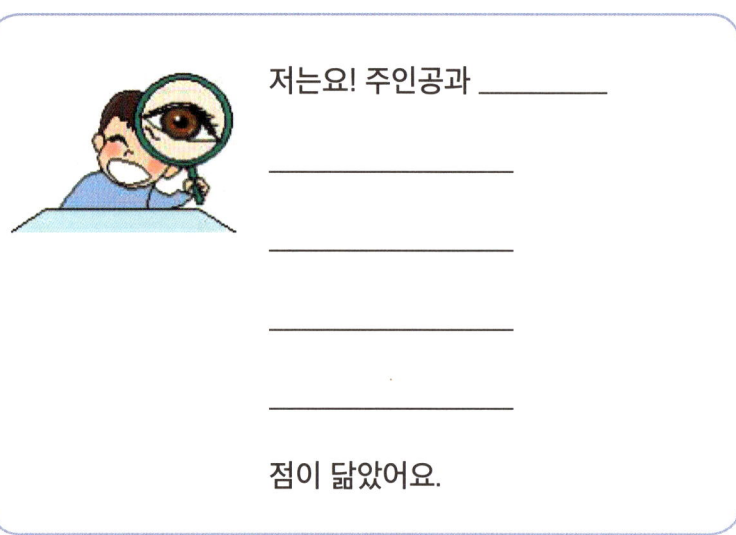

저는요! 주인공과 _____
_____
_____
_____
_____
점이 닮았어요.

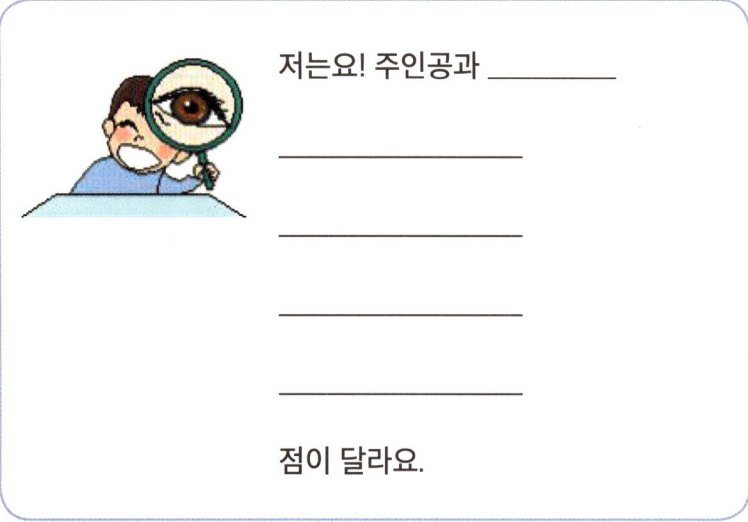

저는요! 주인공과 _____
_____
_____
_____
_____
점이 달라요.

3 아래 칸에 주어진 상황에 따라 도연이의 마음이 어떻게 바뀌었을지 말해 보세요.

머리에 쏘옥

호기심을 푸는 방법

'호기심 많은 게 나쁜 건가 뭐. 선생님도, 부모님도, 친구들도 왜 내 마음을 몰라주지?'

▼

'맞아! 책이었어. 내가 궁금한 건 모두 책에 있었어. 난 왜 지금까지 그걸 몰랐을까?'

▼

'호기심이 많은 건 역시 좋은 거구나. 그런데 호기심은 왜 생기는 걸까?'

호기심을 갖는 건 어렵지 않아요. 하지만 호기심이 생겼는데도 풀지 못하면 도움이 안 돼요.

호기심을 푸는 가장 쉬운 방법은 선생님이나 부모님에 여쭤보는 거예요. 하지만 가장 좋은 방법은 아니에요. 호기심을 해결하는 방법을 스스로 알아내는 것이 중요하니까요.

호기심 공책을 만들어 내가 가진 궁금증을 모두 적어보세요. 그리고 백과사전이나 인터넷에서 찾아 해결하면 되지요. 박물관이나 과학관을 방문해 해결하는 방법도 있답니다.

4 도연이는 『무엇이든 알려주는 책』을 읽고 나서 궁금증을 풀었어요. 이 책이 내게 있다면 어떤 궁금증을 풀고 싶은지 세 가지만 생각하고, 왜 그런지도 말해 봐요.

궁금증	풀고 싶은 이유

5 도연이에게 궁금증을 해결할 수 있는 방법을 알려줘요.

'아, 답답해. 정말 답답해. 어떻게 해야 물음표로 가득 찬 이 답답한 가슴을 시원하게 뚫을 수 있을까? 변기가 막히면 뻥 뚫을 수 있는데, 내 가슴은 어떻게 뚫지?'

생각이 쑥쑥

6 천재 과학자 아인슈타인 박사가 도연이를 찾아와 용기를 줬어요. 박사님은 도연이에게 뭐라고 말씀하셨을까요?

머리에 쏘옥

알베르트 아인슈타인

아인슈타인(1879~1955)은 '상대성이론'을 발표해 1921년 노벨 물리학상을 받은 독일의 천재 과학자입니다. 그는 어떻게 해서 세상을 바꾼 천재 과학자가 되었을까요. 바로 호기심 때문이었지요. 어린 시절 아인슈타인은 공부를 못하는 아이, 머리가 나쁜 아이로 통했어요.

아인슈타인을 가르치던 선생님은 시도 때도 없이 질문을 해대는 그를 좋아하지 않았어요. 그래서 학교에 잘 적응하지 못했고, 결국 고등학교 때 학교를 그만두고 말았지요. 대학 입학 시험에 떨어진 적도 있어서 스스로 머리가 나쁘다고 생각했어요.

하지만 아인슈타인은 궁금한 게 있으면 그냥 넘어가는 법이 없었어요. 어떻게든 알아내려고 애를 썼지요. 그런 노력이 쌓여 위대한 과학자가 된 것이랍니다.

7 도연이는 책을 통해 배운 응급 처지 방법을 써서 친구를 구할 수 있었어요. 학교에서 도연이에게 감사장을 줄 거예요. 감사장 내용을 채워요.

감사장

김도연

위 사람은 _____

므로 감사장을 드립니다.

0000년 00월 00일

○ 아인슈타인

8 '호기심을 기르자'는 내용의 포스터를 만들어요.

> ◐ 호기심이 왜 좋은지, 호기심을 기르려면 어떻게 해야 하는지 생각합니다.
> ◐ 호기심을 나타낼 수 있는 그림을 그립니다.
> ◐ 호기심과 관련된 짧지만 기억에 남을 수 있는 말을 떠올립니다.

☞ 호기심을 잘 나타낼 수 있는 그림을 그리세요.

☞ 호기심과 관련된 짧지만 기억에 남을 수 있는 말을 적으세요.

5 『일기 도서관』

진짜 속마음을 일기에 적어봐요

『일기 도서관』

박효미 지음, 사계절 펴냄, 123쪽

 **줄거리**

선생님은 일기를 세 줄도 못 넘기는 아이들에게 벌로 도서실 청소를 시켰어요. 민우는 선생님이 일기를 본다고 생각하면 머리가 하얘져 아무것도 쓸 수 없었어요.

어느 날 민우 혼자 도서실 청소를 하게 됐어요. 민우는 도서실 벽의 낙서를 지우다 어디선가 웃음소리를 들었어요. 고개를 갸우뚱거리며 낙서를 마저 지웠더니 벽이 꿈틀거리면서 순식간에 문이 하나 생겼어요. 슬쩍 문을 밀어내자 책장이 일기장으로 가득 채워진 '일기 도서관'이 나타났어요.

민우는 일기 도서관에서 일기를 베끼기 시작했어요. 하지만 선생님에게 들통 나 혼쭐이 났지요. 그 뒤 민우는 일기 쓰기가 얼마나 힘든지, 선생님의 일기 검사가 얼마나 겁이 나는지를 일기에 솔직하게 적기 시작했답니다.

 **묻고 답하기**

1 선생님은 왜 민우에게 도서관 청소를 시켰나요?

2 선생님은 일기에 어떤 내용을 쓰라고 말했나요?

3 민우가 일기 도서관에서 낡은 일기장 한 권을 가져온 이유를 얘기해 보세요.

4 도서관에 만난 일기지기 아저씨가 하는 일을 말해 보세요.

5 선생님은 민우가 남의 일기를 베낀 사실을 어떻게 알았나요?

> 본문 맛보기

베껴 쓴 일기는 내 것이 아니에요

　선생님은 책상 위에서 공책을 가져와 민우랑 벼리 앞에 놓았습니다. 일기장이었습니다.

　"민우의 어제 일기랑, 벼리가 그저께 쓴 일기를 읽어 봐! 벼리 네가 보여 준 거야? 아니면 민우 네가 몰래 베낀 거야?"

　민우는 깜짝 놀라 벼리 일기를 펼쳤습니다. 믿을 수 없는 일이었습니다. 어제 민우가 도서관에서 베꼈던 일기 내용이랑 벼리가 그저께 썼던 일기가 똑같았습니다. 똑같이 전철역에서 할머니를 도와준 이야기였던 것입니다. 글자 하나하나가 똑같았습니다.

　굳이 다른 점을 찾아내라면 선생님이 덧붙인 빨간색 글씨였습니다. 벼리 일기 끄트머리에 선생님은 '정말 착한 마음을 가졌구나.' 하고 써 놓았고, 민우 일기 끝엔 아무런 검사 표시도, 덧붙이는 말도 없었을 뿐입니다.

　벼리는 울기 시작했습니다. 처음엔 조용히 흑흑거리더니 곧 울음소리가 새어나오기 시작했습니다. 선생님이 말했습니다.

　"울지 말고 좀 가만히 있거라."

　핀잔을 듣자 벼리는 울음을 꿀꺽꿀꺽 삼키기 시작했습니다. 마치 딸꾹질하는 아기처럼 껵껵거렸습니다. 선생님은 얼굴을 찡그리면서 민우를 봤습니다.

　"벼리 거 베꼈냐?"

　쿵쾅대고 떨리던 민우 마음이 순식간에 확 변해서 목구멍으로 뭔가 치밀어 올랐습니다.

34

생각이 쑤욱

1 민우는 학교 도서실에서 비밀의 문을 발견했어요. 내가 민우라면 비밀의 문을 열었을 때 무엇이 있으면 좋을지 말해 봐요.

2 민우의 마음 변화를 햄버거 속 재료처럼 차곡차곡 쌓아 정리해 보세요.

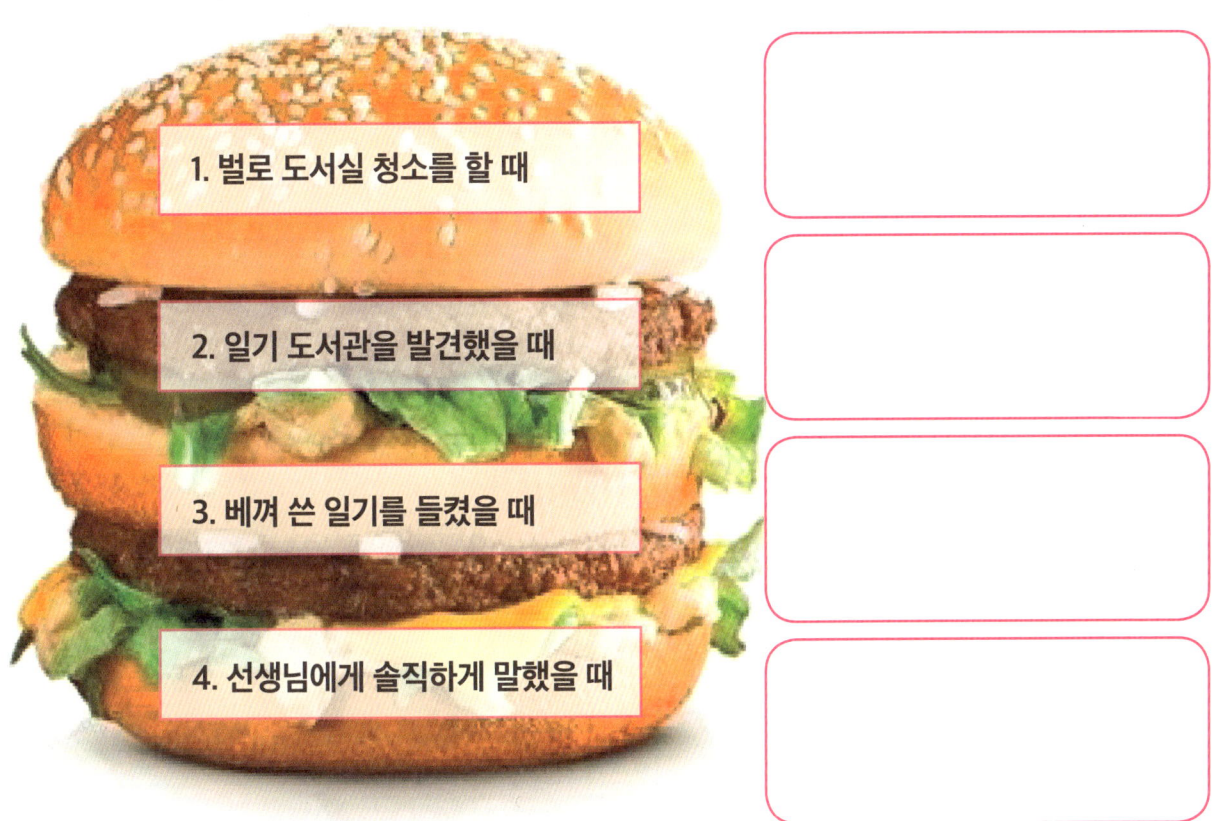

1. 벌로 도서실 청소를 할 때
2. 일기 도서관을 발견했을 때
3. 베껴 쓴 일기를 들켰을 때
4. 선생님에게 솔직하게 말했을 때

생각이 쑥쑥

3 다음은 매일 도서실 청소를 하는 민우를 딱하게 여긴 벼리가 한 말이에요. 벼리의 생각이 왜 잘못되었을까요?

"거짓말로 지어서라도 써. 딴 애들도 다 그래. 바보냐? 아무렇게나 열 줄만 쓰면 되는 걸?"

머리에 쏘옥

다양하게 일기 쓰기

일기를 다양하게 쓰는 방법을 알면 즐겁고 재미있게 쓸 수 있어요.

▶관찰 일기=동식물의 모습이나 변화 과정을 자세하게 관찰해 일기에 남겨요.

▶독서 일기=책을 읽고 주인공에게 보내는 편지글이나 감상문 형태로 써요.

▶주제 일기=한 가지 주제를 정해 내 생각을 적어요. 효도 일기와 대화 일기, 칭찬 일기 등이 있어요.

▶신문 일기=신문에서 가장 흥미 있는 사진이나 기사를 보고 생각과 느낌을 적어요.

🔵 신문에 나온 기사가 일기의 글감이 될 수 있다.

4 민우는 일기를 어떻게 써야 할지 몰라 고민했어요. 민우가 일기를 즐겁게 쓰도록 다양한 일기 쓰기 방법을 세 가지만 알려주세요.

학교에서 있었던 일을 쓰려고 하면 머릿속이 하얘졌습니다. 도무지 어떤 일을 써야 할지 생각이 나지 않았습니다. 선생님만 보면 가슴이 콩콩 뛰는데, 거짓말로 선생님이 좋다고 쓸 수는 없었습니다. 거짓말은 더 나쁜 짓입니다. <본문 37쪽 중에서>

5 담임 선생님은 일기 숙제를 하지 않는 아이에게 벌로 도서실 청소를 시켰어요. 일기 숙제를 잘하게 시키려면 벌 대신 어떤 방법을 쓰면 좋을지 민우의 담임 선생님께 아이디어를 내봐요.

☞ 예 : 선생님이 일기에 쓴 내용을 읽지 않겠다는 약속을 한다.

머리에 쏘옥

일기를 쓰는 태도

일기는 하루에 일어난 일 가운데 가장 기억에 남는 것을 한두 가지만 쓰도록 해요. 한 가지 일에 관해 자세하게 쓰면 생각을 정리할 수 있고, 쓰는 재미도 느낄 수 있을 거예요.

일기는 그날의 생각과 느낌을 적기 때문에 거짓 없이 쓰는 것이 중요해요. 잘못한 일이 있으면 잘못한 대로, 잘한 일이 있으면 잘한 대로 솔직하게 써야 한답니다.

◐ 일기를 꾸준히 쓰면 글솜씨가 늘어난다.

6 민우는 베껴 쓴 일기를 선생님에게 들키고 꾸중을 들었어요. 반성을 한 민우는 일기 쓰기에 관해 어떤 다짐을 할까요?

 생각이 쑤욱

7 『일기 도서관』을 읽은 뒤 감상을 독서 일기로 써보세요.

☞ 책에 나오는 주인공 민우에게 짧게 편지를 쓰거나 느낀 점을 적어요. 글쓰기가 어려운 친구는 가장 기억에 남는 장면을 그림으로 그린 다음 그 장면을 간단하게 설명해도 됩니다.

○○의 독서 일기				
책 제목		지은이		읽은 날

6 『진짜 도둑』

믿음이 깨지면 모두 불행해져요

『진짜 도둑』

윌리엄 스타이그 지음, 베틀북 펴냄, 86쪽

 줄거리

왕궁의 보물 창고를 지키는 거위 가윈은 어느 날 보물을 훔친 도둑으로 몰립니다. 가윈과 왕만 창고 열쇠를 가지고 있다는 것이 의심을 받은 이유입니다. 왕과 친구들까지 자기를 믿지 않자 가윈은 상처를 받고 숲으로 도망쳐 숨어 지냅니다.

보물을 훔친 진짜 도둑 생쥐 데릭은 가윈이 범인으로 몰리자 죄책감에 시달립니다. 하지만 자신이 진짜 도둑이라고 밝힐 용기가 없습니다. 데릭은 가윈의 누명을 벗기려고 창고의 보물을 계속 훔칩니다. 사람들은 가윈이 도둑이 아니라는 사실을 알게 됩니다. 마침내 데릭의 사과를 받은 가윈은 데릭과 자신을 배신했던 모든 사람들을 용서합니다.

묻고 답하기

1. 왕은 왜 가윈을 도둑이라고 의심했나요?

2. 진짜 도둑은 누구며, 그가 어떻게 보물을 훔쳤는지 말해 보세요.

3. 데릭은 가윈이 도둑이 아님을 어떻게 밝혔나요?

4. 숲으로 도망친 가윈은 어떻게 생활했나요?

5. 가윈이 왜 왕궁으로 돌아갈 결심을 했는지 설명하세요.

본문 맛보기

상황만으로 가윈 의심해

"저는 정직한 거위입니다."

가윈은 자기 말을 확인시켜 줄 눈빛을 찾아 친구들을 돌아보았다. 하지만 모두 가윈의 눈길을 피해버렸다. 하나같이 무척 당황한 얼굴이었다. 가윈은 친구들의 표정을 읽고 놀라움을 금치 못했다. 확실히 친구들은 더 이상 가윈을 믿지 않고 있었다. 왕이 제시한 증거에 그들 모두 가윈이 도둑이라고 확신하게 된 것이다! 배질 왕은 혐오스럽다는 듯 고함쳤다.

"너는 이 왕국의 수치다!" (중략)

㉠보물이 돌아왔다고 예전의 행복을 되찾은 건 아니었다. 처음의 흥분이 가라앉은 뒤에는 보물을 찾는 일이 그다지 중요한 문제가 아닌가 보다. 문제는 정작 자기들이 가윈에게 저지른 일이었고, 모두들 그 잘못을 바로잡지 않으면 누구도 다시는 행복한 기분을 맛보지 못하리라 생각했다. 굳이 진짜 도둑을 찾아야겠다고 생각하는 이는 그리 많지 않았다.

○ 왕(왼쪽)이 가윈에게 죄를 따지는 모습.

☞ '본문 맛보기'에 소개된 글과 그림의 저작권은 베틀북에 있습니다.

생각이 쑤욱

1 가원과 데릭을 설명한 말을 찾아 줄을 긋고, 그 말을 이용해 두 사람을 소개하세요.

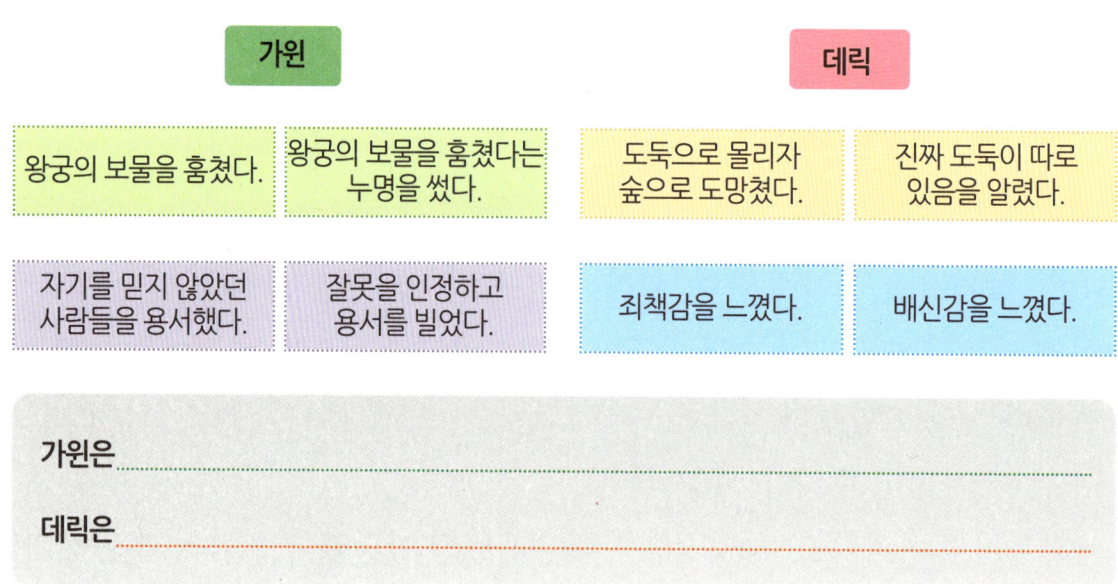

2 믿음을 받지 못한 가원과 친구를 믿지 못한 사람들의 마음은 각각 어땠을까요?

3 왕은 가원을 보물을 훔친 도둑으로 몰았지만 사실이 아니었습니다. 왕에게 같은 실수를 또 하지 않게 충고해 주세요.

4 '본문 맛보기'의 밑줄 친 ㉠처럼 느낀 사람들이 다시 행복해질 수 있는 방법을 두 가지만 찾으세요.

5 가원은 보물 도둑으로 몰리자 숲으로 도망쳐 숨어 지냈습니다. 다른 사람이 나를 오해할 때는 어떻게 하는 것이 좋을까요?

오해가 풀릴 때까지 그냥 기다린다. _____ _____ _____때문이다.	오해를 풀기 위해_____ _____ _____ _____때문이다.

6 가원은 자기를 고통스럽게 한 진짜 도둑인 생쥐 데릭을 용서했습니다. 가원이 왜 데릭을 용서했을지 세 가지만 생각해 보세요.

 생각이 쑤욱

7 가족이나 친구들이 나를 믿지 않아 억울한 적은 없었나요? 내 경험을 1분 동안 들려주세요.

- 누가 믿지 못했나요?
- 어떤 점을 믿지 못했나요?
- 그때 기분은 어땠나요?
- 그래서 어떻게 했나요?

8 등장 인물을 한 명 골라 그에게 충고하고 싶은 말을 속담을 이용해 표현하세요.

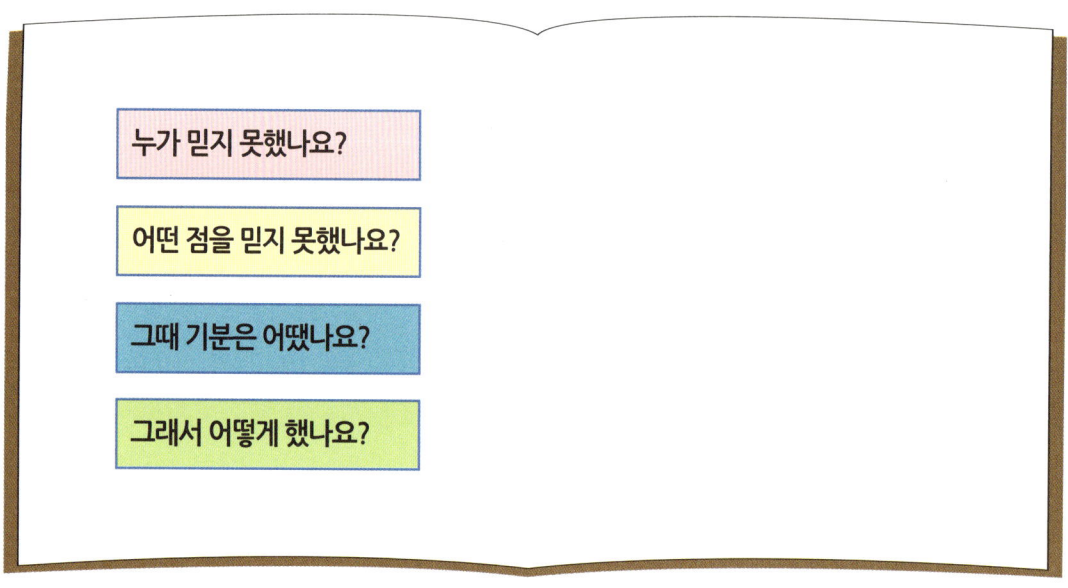

바늘도둑이 소도둑 된다.
(어려서부터 조그만 물건을 자꾸 훔치면, 커서 큰 물건을 훔치는 도둑이 된다는 뜻.)

믿는 도끼에 발등 찍힌다.
(믿던 사람이 배신해 해를 끼친다는 뜻.)

콩으로 메주를 쑨다 해도 안 믿는다.
(남의 말을 절대로 믿지 않는다는 뜻.)

돌다리도 두드려보고 건너라.
(잘 아는 일이라도 신중하게 하라는 뜻.)

누구에게	
어떤 속담을	
왜	

9 마음고생 끝에 다시 만난 가원과 그의 친구들이 믿음을 되찾아 잘 지낼 수 있을지 뒷이야기를 지으세요(300자).

> 가원이 돌아오자 왕궁에는 다시 행복이 찾아왔어요. 그러던 어느 날 왕궁 보물 창고의 보물이 또 사라졌어요. 도대체 누가 훔쳤을까요, 이번에는 진짜 도둑을 잡을 수 있을까요, 범인을 찾는 동안 상처를 받는 사람은 없을까요?

"으악! 또 보물이 없어졌어."

7 『옥수수 할아버지』

새터민 할아버지와 삼총사가 나눈 정 이야기

『옥수수 할아버지』

곽영미 지음, 다섯수레 펴냄, 76쪽

 줄거리

범수와 민호, 건희는 삼총사입니다. 셋은 옥수수 밭에서 잡기 놀이를 하다 옥수수를 소중히 여기는 할아버지를 만납니다. 그 뒤에도 학교 운동장에서 두리번거리는 할아버지를 봅니다. 범수는 할아버지의 모든 행동을 수상하게 여깁니다. 게다가 할아버지가 통화하시며 '동무'라고 하는 말도 우연히 듣습니다. 범수는 인터넷에서 간첩을 구별하는 요령을 보고 할아버지를 간첩으로 생각합니다. 범수는 할아버지를 신고해 포상금을 받으려 합니다. 삼총사는 증거를 찾기 위해 옥수수 밭으로 갑니다. 그런데 삼총사는 옥수수 할아버지가 새터민이라는 사실을 압니다. 할아버지의 손자인 창남이가 북한에 남았고, 옥수수를 좋아한다는 사실도요. 삼총사는 하늘에서 눈이 아닌 팝콘이 내려 옥수수를 좋아하는 창남이가 마음껏 먹었으면 좋겠다고 생각합니다.

 본문 맛보기

수상한 옥수수 할아버지가 간첩 아닐까

다음날, 수업이 끝나자마자 우리는 교실 밖으로 뛰어나갔다. 오늘은 남아서 축구를 하기로 했다.

"옥수수 할아버지다!"

언제, 어디서 나타났는지 옥수수 할아버지가 교문으로 나가고 있었다. 왠지 옥수수 할아버지를 쫓아가야 할 것만 같았다. 할아버지는 공중전화 칸에서 전화를 걸고 있었다. 우리는 철물점 사이에 조용히 몸을 숨겼다.

"거긴 지낼 만하네? 나야 좋고 말고가 어딨어? 동무는….'

'동무라고?'

머리카락이 주뼛 서는 것 같았다. 텔레비전에서 보았던 북한 사람들의 모습이 번득 떠올랐다. 우리는 고개를 숙인 채 쏜살같이 내뺐다.

"들었지? 동무라고 했어. 지난번에는 북한 어쩌고 그러고, 오늘은 동무래. 이상하지 않아?"

"옥수수 할아버지, 간첩이 아닐까?"

"간첩?"

"간첩은 북한에서 몰래 내려와 우리나라의 정보를 빼내는 사람이야. 그러니까 옥수수 할아버지가 북에서 내려온 스파이란 말이지. 그렇지?"

나는 부엌으로 들어가는 엄마를 곁눈질하며 검색창에 '간첩 신고'라고 쳤다. 오억이라는 글씨가 크게 눈에 들어와 재빨리 클릭했다. (21~36쪽)

 본문 맛보기

옥수수 할아버지의 슬픈 이야기를 듣다

"정의의 삼총사, 간첩 소탕 대작전 준비 완료!"

우리는 옥수수 밭 주변을 세 바퀴나 돌았다. 어깨를 축 늘어뜨리고 집으로 돌아가는 길이었다. 옥수수 할아버지는 언덕 꼭대기에 있는 파란색 대문 안으로 들어갔다. 우리는 고양이처럼 살금살금 대문 안으로 들어갔다.

"누구요?"

우리는 정신없이 도망쳤다. 다행히 옥수수 할아버지는 쫓아오지 않았다. 그런데 건이가 보이지 않았다. 불쌍한 건이는 이제 꼼짝없이 간첩에게 잡혀 인질이 되었을 것이다.

다시 옥수수 할아버지의 집으로 돌아갔을 때, 할아버지는 건이의 다리에 약을 발라 주고 있었다.

"옥수수 할아버지 간첩 아니야. 새터민이래."

"새터민은 북한에서 빠져나와 한국에 들어와 사는 사람들을 부르는 말이란다."

옥수수 할아버지는 우리를 방에 앉히고 찐 옥수수를 내왔다. 할아버지는 탁자에 있는 사진을 보이며 북에 남은 손자가 건이와 닮았다고 했다. 할아버지는 손자 창남이와 헤어진 지 이 년이나 됐다고 했다.

"우리 창남이도 옥수수 좋아하지. 우리 창남이 옥수수 배불리 먹여 보는 게 내 소원인디."

나는 처음으로 옥수수가 굉장히 소중하게 느껴졌다. (45~67쪽)

생각이 쑤욱

1 옥수수 낱알에 적힌 글자를 이용해 북한과 관계 있는 낱말을 만들어요.

머리에 쏘옥

북한의 학교

북한의 학생들은 대다수가 12년제 의무 교육을 받아요. 12년제 의무 교육이란 학교 전 교육(유치원) 1년, 소학교(초등학교) 5년, 초급중학교(중학교) 3년, 고급중학교(고등학교) 3년을 말해요. 2013년부터 11년제 교육에서 1년을 늘려 12년제를 실시했고, 새로 만든 교과서로 공부하기 시작했어요.

학생들은 소학교부터 붉은 넥타이와 휘장, 배지를 착용합니다. 그리고 1학년 때 선생님이 졸업할 때까지 담임을 맡는답니다.

2 '본문 맛보기'에서 밑줄 친 '새터민'의 뜻은 무엇인가요, 그리고 왜 그렇게 부를까요?

| 새터민의 뜻 | 새터민으로 부르는 이유 |

○ 북한 소학교의 입학식.

3 '본문 맛보기'를 읽고, 이야기를 순서대로 연결하세요.

① 옥수수 할아버지가 삼총사의 학교에 찾아왔다.
② 삼총사는 옥수수 할아버지가 새터민이란 사실을 알게 됐다.
③ 옥수수 할아버지가 급히 옥수수를 쪄 왔다.
④ 삼총사는 옥수수 할아버지를 간첩이라 생각했다
⑤ 삼총사가 옥수수 할아버지의 집에 몰래 들어갔다.

(　　) ➔ (　　) ➔ (　　) ➔ (　　) ➔ (　　)

생각이 쑥쑥

4 새터민이 우리 학교에 전학 온다면 어떻게 대해야 할까요?

5 삼총사는 할아버지와 오해를 푼 뒤, 궁금했던 북한 말을 여쭤봤어요. 아래 내용을 참고해, 북한말을 세 개만 넣어 짧은글을 지어요.

> 우리는 옥수수 할아버지에게 궁금했던 북한말을 물어보았다. 아이스크림은 얼음보숭이, 소시지는 고기순대, 카스텔라는 설기과자, 전병은 바삭과자, 파스텔은 그림분필, 스크랩북은 오림책, 앵무새는 팔팔아, 공은 뽈. 비슷한 것도 있지만, 전혀 다른 말도 많았다. (72쪽)

☞ 예)친구와 나는 학교가 끝난 뒤 운동장에서 뽈을 차고 놀았다. 한참을 놀다 얼음보숭이와 고기순대를 사 먹고 집으로 돌아왔다.

머리에 쏘옥

새터민

우리 정부는 새터민들이 남한에서 잘 적응하도록 정신적, 경제적으로 도움을 줘요. 하지만 새터민 대다수는 남한 사회에서 따가운 시선과 편견에 시달리고, 경제적으로도 어려움을 겪는 사람들이 많아요.

다문화가정에게는 정부의 관심과 지원이 늘지만, 새터민은 남북 갈등이 생기면 더욱 소외됩니다. 이처럼 적응하지 못한 새터민 가운데 다시 북한으로 돌아가려는 사람들도 있다고 해요.

북한말의 특징

북한에서는 표준어를 '문화어'라고 불러요. 우리말과 북한말이 같기 때문에 외국어처럼 전혀 알아들을 수 없는 것은 아닙니다. 뜻을 생각하면 수수께끼를 푸는 것처럼 쉽게 알 수 있는 것들이 많아요.

북한에서는 한자나 외래어보다 우리말을 주로 사용해요. 가발을 '덧머리', 우유는 '소젖'으로 쓰고, 노크를 '손기척', 슬리퍼는 '끌신'으로 쓰지요.

남한에서는 우리말로 충분히 나타낼 수 있는 단어도 외국어로 말하는 경우가 많은데, 북한말을 보고 고쳐야 할 태도입니다.

6 옥수수 할아버지는 손자를 북한에 두고 왔어요. 할아버지가 손자와 고향을 그리워하는 마음을 담아 노랫말을 만들고 제목도 지어요.

○ '우리의 소원은 통일'에 맞춰 불러요.

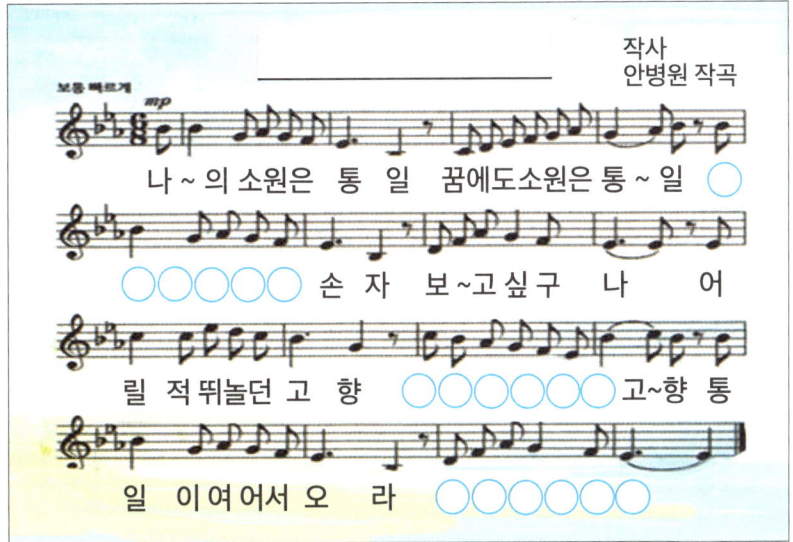

7 옥수수 할아버지와 삼총사는 텃밭에서 함께 놀기도 하고 집에도 초대하며 지냅니다. 그 뒤 이어질 이야기를 지어 1분 동안 말해요.

○ 본문의 마지막 부분을 참고해요.

> 북한에도 지금 눈이 내릴까? 할아버지의 손자인 창남이도 이 눈을 맞고 있을지 모르겠다.
> 나는 손을 뻗어 함박눈을 맞았다. 손에 떨어진 함박눈이 스르르 녹았다.
> 하늘에서 눈이 아닌 팝콘이 내렸으면 좋겠다. 하얀 팝콘이 눈처럼 내려 옥수수를 좋아하는 창남이가 마음껏 먹을 수 있었으면 좋겠다. (76쪽)

머리에 쏘옥

'웰컴 투 동막골'

'웰컴 투 동막골'은 1950년 6·25전쟁(한국전쟁)이 한창일 때 태백산맥의 동막골에서 펼쳐지는 이야기를 그린 우리 영화입니다. 치열한 전쟁이 벌어지는 가운데 길을 잃은 국군과 인민군, 여러 나라가 합쳐진 연합군이 동막골에 뜻하지 않게 모여 생활하지요. 총도 본 적이 없는 동막골 사람들에게 군인들이 가진 수류탄과 무전기, 철모 등은 신기한 물건일 뿐입니다.

이들은 순수한 동막골 사람들과 하나가 되어 평화롭게 지냅니다. 그런데 동막골에 추락한 미군기를 인민군이 공격한 짓으로 오해한 국군이 마을을 집중 공격하려 합니다. 그러자 이 마을에 있던 국군과 인민군, 연합군이 마을을 지키기 위해 함께 작전을 펼칩니다.

남북한이 원래 한민족이고, 서로 순수한 마음으로 다가서면 화해할 수 있음을 보여줍니다.

◎ '웰컴 투 동막골'에서 폭격을 당하는 바람에 옥수수가 터져 팝콘이 내리는 장면.

 생각이 쑤욱

8 아래 내용을 참고해 친구들에게 이 책을 추천하는 독서 카드를 만들어요.

◆독서 카드 만드는 방법
① 사인펜, 색연필, A4 색상지, 가위, 자 등을 준비한다.
② 원하는 색깔의 A4 종이를 준비해 반으로 자른다.
③ 자른 종이의 가운데를 안으로 접는다.
④ 종이의 겉면에 책에서 기억에 남는 장면을 그리고 만든 사람의 이름을 쓴다.
⑤ 안쪽면의 윗면에 추천해 주고 싶은 사람의 이름을 쓴다.
⑥ 안쪽면의 아랫면에 책 제목과 지은이, 재미있는 내용, 추천 이유 등을 적는다.

<독서 카드>

독서 카드의 겉면

책이름	가방 속 책 한 권
지은이	버지니아 리드 에스코발
재미있는 내용	주인공 야니리스가 여행하면서 항상 책을 가지고 다닌 것.
추천 이유	책은 몇 권만 있어도 어디나 도서관이 되고, 즐거움을 느낄 수 있다고 행복이에게 알려주고 싶다.

독서 카드의 윗면과 아랫면

8 『꼬질꼬질 구리구리 지구가 몸살 났어요』

지구를 살리는 생활 습관

『꼬질꼬질 구리구리 지구가 몸살 났어요』

최열 지음, 청년사 펴냄, 64쪽

 **줄거리**

　사람들은 집과 학교, 식당 등에서 무심코 쓰레기를 버립니다. 일회용품은 특히 재활용이 어려운데다 오랫동안 썩지도 않아요. 공장에서 나오는 쓰레기도 자연을 더럽히지요. 쓰레기는 땅에 파묻거나 불로 태우고, 바다에 버리지만 완전히 없어지지 않아요. 물과 땅, 공기를 오염시키고 사람의 건강을 빼앗습니다. 그러니 무엇을 사기 전에 꼭 필요한지, 버리기 전에 다시 쓸 방법은 없는지 따져봐야 합니다. 쓰레기를 종류별로 분리해 버리고, 벼룩시장을 활용하는 등 쓰레기를 줄이는 방법을 찾아봐요.

# 묻고 답하기

1. 말판 게임을 하며 책의 내용을 확인하세요.

출발/도착 →	다시 쓸 수 있는 쓰레기를 종류별로 나눠 거둬 가는 것은?	종이를 만드는 데 필요한 것 한 가지 말하기.	○○○는 음식물 쓰레기를 비료로 바꾸는 동물이다.
일회용품을 줄이는 방법 한 가지 말하기.	⟨게임 방법⟩ 1. 짝과 순서를 정한다. 2. 주사위를 던져 홀수가 나오면 한 칸, 짝수가 나오면 두 칸 앞으로 간다. 3. 도착한 칸의 문제 풀기. 정답이 아니면 원래 자리로 돌아간다. 4. 도착점에 먼저 들어가면 이긴다.		앞으로 한 칸
쓰레기 매립장이던 ○○○를 공원으로 가꿨다.			_____을(를) 살 때 확인해야 할 표시.
뒤로 한 칸			선물 포장을 화려하게 하면 안 되는 이유는?
폐기물로 작품을 만드는 예술가도 있다. (O, X)	유리 _____하라는 표시다.	쓰레기는 불에 태우는 것이 가장 좋다. (O, X)	꽝! 한 번 쉬기

본문 맛보기

쓰레기 넘치면 사람까지 병들어

(가)

△ 쓰레기를 맴도는 물고기들. 물고기들은 버려진 그물에 걸려 다치거나 죽기도 한다.

온갖 쓰레기들이 흘러흘러 바다로 가고 있어. 땅에 사는 사람들이 버린 쓰레기, 공장에서 흘려보낸 폐수, 배에서 흘러나오는 기름, 몰래 버리는 쓰레기, 바다에서 석유나 광물을 캐낼 때 생기는 쓰레기, 해수욕장이나 부두에 떠다니는 쓰레기까지…. 쓰레기는 해마다 늘어나고 있어. 그리고 물결을 따라 이리저리 밀려다니며 바다를 더럽히지.

(나)

쓰레기를 파묻는 매립장이야. 땅에 묻으면 우리 눈에는 보이지 않지. 하지만 쓰레기가 썩으면서 독한 냄새가 나고 해로운 물질이 흘러나와 땅속으로 스며들기도 해. 쓰레기를 땅에 묻는 것은 흙을 더럽히고 땅속으로 흐르는 맑은 지하수까지 오염시키는 일이야. 오염된 흙에서 자란 곡식이나 풀, 그리고 더러워진 물은 그것을 먹는 동물뿐만 아니라 사람까지 병들게 한단다.

△ 인천의 쓰레기 매립장에서 쓰레기를 처리하는 모습.

생각이 쑤욱

1 교실의 쓰레기통에는 종이가 가장 많네요. 종이를 함부로 버리면 안 되는 이유를 알려주세요. .

2 '본문 맛보기'의 (가)와 (나)에서 쓰레기가 일으키는 문제점을 세 가지만 찾으세요.

3 '본문 맛보기'의 (가)를 읽고, 바다의 쓰레기를 줄일 방법을 1분 동안 말하세요.

땅의 쓰레기는
공장의 폐수는
해수욕장을 이용할 때

4 다음은 쓰레기장에 버려진 물건들입니다.

1) 쓰레기들을 선으로 연결해 분리 수거 통에 넣으세요.

종이팩	
유리	

2) 두 가지 물건을 골라 분리 수거를 하는 방법을 자세히 말해 보세요.

유리병	
1. 내용물은 버리고, 물로 씻어요. 2. 뚜껑은 따로 버려요. 3. 종류대로 나눠 버려요.	

3) 쓰레기를 분리 수거해 버리는 것 말고 다시 쓰는 자원으로 바꿀 아이디어를 내세요. 그림으로 그려도 좋아요.

☞우유팩으로 연필꽂이를 만든다.

57

생각이 쑤욱

5 종이컵과 같은 일회용품 사용을 줄이자는 내용의 광고를 만들려고 해요. 그림에 어울리는 말을 넣어 완성하세요.

제목 : 하고 싶은 말을 간단하고, 기억에 남게 표현해요.

본문 : 그림과 주제를 두세 문장으로 설명해요.

6 내가 버린 쓰레기를 생각해 왜 버렸는지 살펴보고, 쓰레기를 줄이기 위해 어떤 마음을 가져야 하는지 생각해 봐요.

집에서		을(를)	싫증나서	버렸다.
학교에서		을(를)		버렸다.
식당에서		을(를)		버렸다.
＿＿＿에서		을(를)		버렸다.

● ● ● 의 다짐

나는 ＿＿＿＿＿＿＿＿＿＿＿＿＿＿＿＿＿＿＿＿＿＿＿＿＿＿＿＿＿＿＿＿＿＿＿＿ 때문에

쓰레기를 많이 만들었어요. 앞으로 쓰레기를 줄이기 위해

물건을 살 때는 ＿＿＿＿＿＿＿＿＿＿＿＿＿＿＿＿＿＿＿＿＿＿＿＿＿＿＿＿＿＿＿

물건을 버릴 때는 ＿＿＿＿＿＿＿＿＿＿＿＿＿＿＿＿＿＿＿＿＿＿＿＿＿＿＿＿＿

7 다음 글을 읽고 나서 쓰레기를 함부로 버리는 초등학생들에게 쓰레기를 줄이도록 설득해 보세요. 그리고 초등학생이 생활에서 쓰레기를 줄일 수 있는 방법도 알려주세요(300자).

> 서울의 난지도는 1978년부터 15년 동안 서울의 쓰레기를 버리던 곳입니다. 2002년 월드컵공원으로 꾸몄고, 10년 만에 970가지의 동식물이 살게 되었습니다. 쓰레기가 썩으면서 나오는 오염 물질을 처리하는 시설을 만들고, 나무를 심는 등 여러 가지로 노력한 덕분입니다. 하지만 월드컵공원 땅 아래로는 아직도 더러운 물이 흐르고, 해로운 가스가 부글거리고 있습니다.
>
> 지금은 난지도 대신 인천의 매립장에 쓰레기를 버립니다. 이곳은 2016년까지만 사용할 수 있기 때문에 쓰레기를 버릴 다른 땅을 찾아야 합니다.
>
> 국민일보 2013년 2월 25일자 기사 등 참조

9 『지도 따라 한 장 한 장 펼쳐 보는 한국의 유네스코 세계유산』

조상이 남긴 위대한 문화유산

『지도 따라 한 장 한 장 펼쳐 보는 한국의 유네스코 세계유산』

김원미 지음, 그린북 펴냄, 58쪽

 줄거리

인류는 오랜 기간 다양한 문화와 문명을 이루며 살았다. 이 흔적들이 세계 곳곳에 유적이나 기록, 형태가 없는 무형의 유산으로 남았다. 그런데 최근 도시를 새로 만들거나 전쟁이 일어나거나 자연 재해가 심해지며 여러 나라의  많은 유산들이 파괴될 위기에 놓였다. 이에 유네스코는 인류 전체가 보호해야 할 가치가 있는 유산들을 골라 세계유산으로 지정하기에 이르렀다. 세계유산으로 지정된 순간 그 유산은 소유한 나라만의 것이 아니라, 인류 전체가 지켜야 할 보물이 되는 것이다.

우리 조상도 이웃 나라들과 교류하고 때로는 전쟁을 벌이면서 소중한 문화유산을 많이 남겨 곳곳에서 그 흔적을 엿볼 수 있다.

 본문 맛보기

전쟁 피한 경주에는 신라 유적 많이 남아

경주는 신라의 도읍지였어. 주변이 높은 산으로 둘러싸여 있고, 땅이 평평한데다 작은 강까지 흐르기 때문에 사람이 모여 살기에 아주 좋았지. 그래서 도읍지로서는 최고의 조건을 갖췄어. 고구려와 백제의 도읍지에 비하면, 경주에는 비교적 많은 문화유산이 고스란히 남아 있어. 고구려와 백제는 영토를 확장할 목적 또는 전쟁 때문에 각각 도읍지를 두 번이나 옮겼지만, 신라는 한 번도 옮긴 적이 없기 때문이야. 무려 1000년 동안이나 말이야. 또 두 나라는 신라와 당나라 연합군과 끝까지 싸우다 멸망했지. 그래서 두 나라의 도읍지는 불바다가 되고 말았어. 하지만 신라는 마지막 왕인 경순왕이 고려의 왕건에게 나라를 바쳤지. 그래서 경주에 살던 왕족과 귀족은 물론 신라의 문화유산도 그대로 보호 받을 수 있었던 거야. 경주는 그야말로 도시 전체가 거대한 박물관인 셈이야. 그 점을 높이 평가 받아 유네스코 세계문화유산이 되었지.

경주 역사유적지구는 대릉원 지구, 남산 지구, 월성 지구, 황룡사 지구, 산성 지구로 나뉘고, 이 곳들이 세계문화유산으로 지정되었어. (12~13쪽)

 본문 맛보기

세계에서 가장 과학적인 문자인 훈민정음

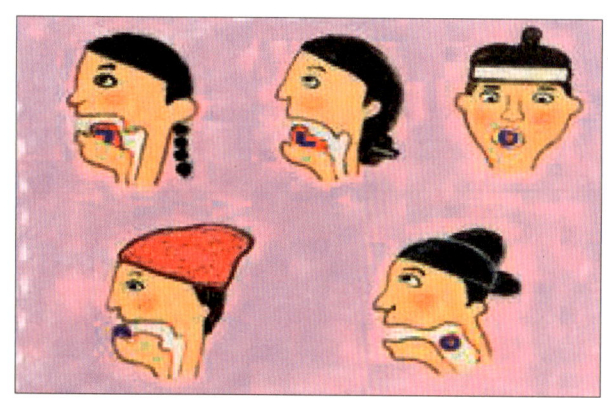
○ 발성 기관을 보고 만든 닿소리.

○ 자연을 본떠 만든 홀소리.

"우리말이 중국 말과 달라 한자와는 서로 통하지 않으므로, 이런 까닭에 어리석은 백성들이 표현하고 싶은 것이 있어도, 그 뜻을 담아 나타내지 못하는 사람이 많다. 내가 이것을 딱하게 여겨 새로 스물여덟 글자를 만들어 내놓으니, 모든 사람이 쉽게 깨우쳐 날로 씀에 편하게 하고자 함이다." - 훈민정음 서문에서

훈민정음은 '백성을 가르치는 바른 소리'란 뜻이야. 세종대왕이 훈민정음을 만들기 전에는 우리말을 기록할 마땅한 글자가 없었어. 중국 문자인 한자의 음과 뜻을 빌려 글을 썼는데, 한자는 배우기 어려워 백성들이 쉽게 익힐 수 없었어. 세종대왕은 글자를 모르는 백성이 많으면 나라를 다스리기도 어렵고, 글을 몰라 백성들이 당해야 하는 설움이 크다고 생각했지. 그래서 새 문자인 훈민정음을 만들었어. 훈민정음을 만들 때 세종대왕은 백성이 쉽게 배울 수 있어야 한다고 생각했지. 세종대왕은 닿소리 다섯 글자와 홀소리 세 글자를 기본으로 해서 글자를 만들었어. 세계의 많은 나라들이 제 나라의 글을 갖기 위해 노력했지만, 훈민정음처럼 독창적인 문자를 만들어 낸 민족은 없었지. (46~47쪽)

생각이 쑤욱

1. 한 나라의 유산이 유네스코의 세계유산으로 지정되는 순간 누구의 것이 되나요?

머리에 쏘옥

경주의 이름난 유적

경주는 소중한 유적이 많아 도시 전체가 유네스코 세계문화유산으로 지정되었어요. 모두 다섯 구역으로 이뤄져 있는데, 신라 왕궁이 있던 월성, 김알지가 태어난 계림, 동양에서 가장 오래된 천문 시설인 첨성대 등이 각 구역을 대표하지요.

대릉원 지구에서는 신라 왕족들의 무덤을 통해 금관과 천마도, 유리잔, 각종 토기 등의 유물을 볼 수 있지요. 경주 남산에서는 박혁거세의 탄생지인 나정과 경애왕의 이야기가 깃든 포석정에서 신라 건국과 멸망의 역사를 알 수 있어요. 동양 최고의 절이었던 황룡사 터와 분황사, 경주 방어에 쓰이던 명활산성 등 유적지도 남아 있어요. 토함산 중턱에 세워진 불국사와 석굴암도 우리의 대표 유적지랍니다.

2. 아래 사진들은 유네스코 세계유산으로 지정된 우리 유산입니다. 세계유산의 이름을 보기에서 골라 적어요.

<보기>

| 고인돌 | 줄타기 | 불국사 석가탑 |
| 수원 화성 | 종묘제례악 | 팔만대장경 |

3. '머리에 쏘옥'을 참고해 '경주에 가면' 게임을 해요.

☞ ♬시장에 가면 사과도 있고 ♪시장에 가면 사과도 있고, 생선도 있고~ 하며 말을 이어가는 게임이에요.

생각이 쑤욱

4 고인돌은 청동으로 만든 도구를 쓰던 시대에 살던 사람들이 남긴 유물이에요. 고인돌이 어떻게 만들어졌는지 그림을 순서대로 연결해요.

머리에 쏘옥

청동기 시대의 대표 유물 고인돌

고인돌은 세계 여러 나라에서 발견되는데, 그 가운데 절반이 우리나라에 있어요. 지금까지 세계의 고고학자들은 고인돌을 지배자의 무덤이라고 주장했지요. 그런데 전북 고창에 많은 수의 고인돌이 몰려 있는 것을 보고서는 무덤이 아니라 하늘에 제사를 지내는 제단이거나 전쟁에서 승리한 것을 기념해서 쌓은 게 아닐까 추측하기도 해요.

고인돌을 만들려면 먼저 커다란 바위에서 돌덩이를 떼어낸 뒤 바닥에 통나무를 깔고 그 위에 바위를 얹은 채 밀어서 운반해요. 그리고 고인돌을 세울 곳의 땅을 파 기둥 받침돌을 세우고, 흙을 쌓아 덮개돌을 올립니다. 마지막으로 흙을 걷어내고 고인돌을 완성해요.

( ) → ( ) → ( ) → ( ) → ( )

5 강강술래는 한가윗날 주로 전라도 지역에 살던 여자들이 즐기던 민속놀이입니다. 이순신 장군은 왜 임진왜란 때 부녀자들에게 강강술래를 시켰을까요?

남해 바닷가로 다가오는 왜군을 보니 고민이 많았지. 어떻게 하면 _____

_____

그래서 바닷가 언덕 위로 여자들을 불러 모아 군복을 입히고 둥글게 원을 그리며 돌게 했지.

6 훈민정음은 '백성을 가르치는 바른 소리'라는 뜻이에요. 세종대왕은 왜 훈민정음을 만들었나요?

제주 화산섬 성산일출봉

제주도는 아주 오랜 옛날 화산이 폭발해 만들어진 우리나라의 가장 큰 섬입니다.

성산일출봉은 약 5000년 전 제주에서 생긴 많은 분화구 가운데 유일하게 바다 속에서 폭발해 만들어졌어요. 성산일출봉은 그 모습이 아름다운 데다, 화산이 만들어진 과정을 밝혀줄 귀중한 연구 자료가 된답니다.

세계자연유산

세계자연유산이란 지구가 발전한 과정을 보여주는 곳 또는 세계적으로 아름다운 자연, 그리고 보존해야 할 가치가 있는 동식물이 사는 지역 등을 말해요.

대표적인 세계자연유산으로는 에베레스트산, 미국의 그랜드캐니언, 아프리카의 야생공원, 찰스 다윈이 진화론을 떠올린 에콰도르의 갈라파고스섬 등이 있어요. 우리나라의 세계자연유산으로는 제주 화산섬과 용암동굴이 있습니다.

7 제주도 사진(성산일출봉)을 보고, 성산일출봉이 세계자연유산에 지정된 이유를 6하원칙에 맞춰 써요.

➡ 6하원칙은 누가, 언제, 어디서, 무엇을, 어떻게, 왜 했는지 밝히는 것이에요.

제주 성산일출봉은 지난 2007년 _____
_____
_____
세계자연유산으로 지정되었다.

생각이 쑤욱

8 '본문 맛보기'와 '머리에 쏘옥'을 읽은 뒤 우리나라 세계유산 가운데 한 가지를 골라 1분 동안 소개해요. 세계유산을 지킬 수 있는 방법도 함께 말해요.

유네스코 세계유산을 잘 보호하지 않고 망가뜨리면 세계유산에서 탈락할 수 있어요.

머리에 쏘옥

우리나라의 세계유산

우리나라에 있는 세계유산은 다양해요. 형태가 없는 무형유산으로는 판소리가 있어요. 판소리란 '판을 벌이다'의 '판'(넓은 무대)과 '소리(노래)를 하다'의 '소리'를 합친 말입니다. 북 장단에 맞춰 소리꾼이 몸짓과 이야기를 섞어가면서 부르는 우리 고유의 노래랍니다. 춘향가와 심청가, 박타령, 토끼타령 등이 있지요.

형태가 있는 세계유산은 수원 화성 등이 있답니다. 수원 화성은 조선 시대 정조(재위 1776~1800) 임금 때 만든 성곽이에요. 일반 성에는 없는 적을 막는 시설(노대와 포루 등)을 갖추고 있습니다. 또 성곽을 만들 때 주변의 지형을 따라 자연스럽게 쌓아 올렸습니다. 특히 정약용(1762~1836)이 발명한 거중기(무거운 물건을 들어올리는 기계)를 이용해 더 빠르게 성곽을 쌓을 수 있었죠. 수원 화성은 우리 조상의 뛰어난 과학기술은 물론 자연을 살리는 건축 기술을 동원해 만든 자랑스러운 우리 유산입니다.

10 『우리 반 암행어사』

바람직한 리더가 갖춰야 할 조건

『우리 반 암행어사』

정진 지음, 소담주니어 펴냄, 92쪽

줄거리

　강신우는 소망초등학교로 전학했습니다. 아빠가 회사를 그만둔 뒤 피자 가게를 열어 이사했기 때문이지요. 신우는 전학 첫날부터 같은 반 신우의 고자질 때문에 혼나기만 합니다. 승우는 선생님 앞에서는 신우를 돕겠다고 나섰습니다. 하지만 선생님이 보지 않을 때는 신우를 차갑게 대합니다. 그리고 신우가 조금이라도 잘못한 일이 있으면 즉시 선생님께 일러바칩니다. 이 바람에 선생님은 신우를 말썽쟁이로 알았다가 채연이의 일기를 보고 오해를 품니다. 그런 뒤 표현 놀이 시간에 모둠 친구들을 잘 도왔다며 신우에게 암행어사 임무를 맡깁니다. 암행어사가 된 신우는 승우와 달리 친구가 잘못한 일이 아니라 잘한 일을 찾으려고 애씁니다. 반 친구들은 신우를 믿고 따릅니다.

 **묻고 답하기**

1. 신우는 왜 소망초등학교로 전학했나요?

2. 승우가 전학온 신우에게 어떻게 대했는지 아는 대로 말해 보세요.

3. 선생님은 신우가 나쁜 아이인 줄로 오해했는데, 어떻게 풀 수 있었나요?

4. 선생님이 신우에게 암행어사 마패를 준 이유는?

5. 암행어사가 된 신우가 한 일을 두 가지만 대보세요.

 본문 맛보기

리더라고 자기 마음대로 하면 안 돼

(가)

　김승우는 마치 선생님처럼 우리 모둠 아이들한테 순서를 정해 주며 시켰어요. 다른 애들한테는 굴렁쇠를 넘겨주면서, 내 차례가 되면 뒤에 있는 아이 이름을 불렀어요.
　"수찬아, 굴렁쇠 받아!"
　하지만 나한테는 끝까지 굴렁쇠를 넘기지 않았지요. 속상해서 눈물이 핑 돌았지요.

(나)

　특히 김승우는 자기가 한 착한 일을 내가 수첩에 적었다는 사실에 무척 놀랐나 봐요. 아무 말 없이 두 눈만 휘둥그레졌지요.
　아이들이 나한테 친구들이 한 '착한 일'을 알려주기도 했어요. 도서실에서 가방이 바뀌었을 때는 서로 가방을 찾아주려고 애쓴 것도 다 수첩에 적었지요.
　우리 반 애들은 떠들거나 장난을 치다가도 내가 나타나면 쥐 죽은 듯이 조용해졌어요.

❂ 암행어사가 된 강신우(왼쪽)가 장난을 치는 김승우에게 마패를 보여주고 있다.

생각이 쑤욱

1 신우의 행동을 보고 그의 성격을 짐작해보세요.

이사 갈 때 친구나 선생님과 헤어지기 싫다고 우는 것을 보니	
지우개나 숟가락 등을 자주 빠뜨리는 것을 보니	
무슨 일이 있을 때마다 엄마에게 전화하는 것을 보니	

2 신우는 선생님에게 왜 계속 혼났나요? 신우가 한 나쁜 행동 외에 다른 이유도 찾아보세요.

신우
급식 시간에 호박나물을 몰래 숨기고,

선생님이 오해해도,

승우
친구의 잘못을

선생님
사실을 확인하지 않고

3 승우는 선생님 앞에서는 신우를 돕겠다고 말합니다. 그러나 실제로는 신우를 괴롭혔는데, 왜 그랬을까요?

4 신우의 입장에서 채연에게 감사의 마음을 전하세요.

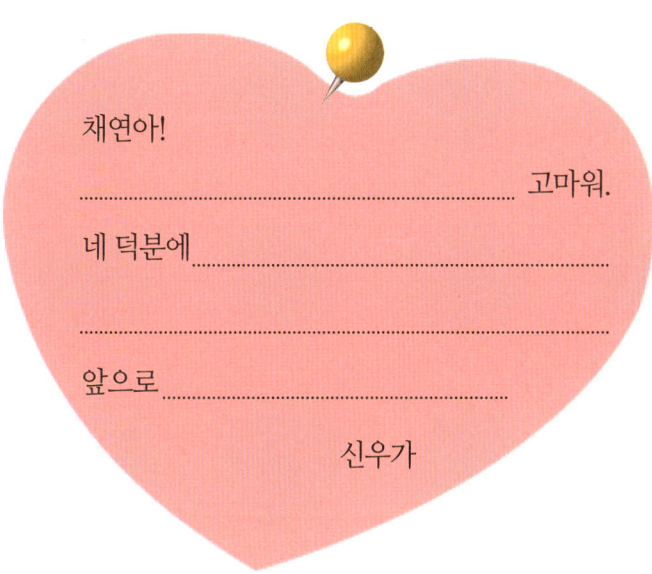

채연아!
.... 고마워.
네 덕분에 _____
_____
앞으로 _____
                    신우가

머리에 쏘옥

리더

리더는 여러 사람이 모였을 때 전체를 이끄는 지도자를 말해요. 나라를 다스리는 대통령이나 우리가 사는 지방의 시를 이끄는 시장, 우리 학교 교장, 우리 반의 회장, 우리 모둠의 모둠장 등을 모두 리더라고 합니다.

리더는 주로 투표나 미리 정한 방법을 통해 뽑지요. 어떤 사람의 됨됨이가 좋고 능력이 뛰어나기 때문에 그 사람을 중심으로 뭉쳐져 자연스럽게 리더가 되기도 해요.

리더라 해도 자기 마음대로 하면 독재자나 폭군이 됩니다.

리더가 훌륭하면 구성원들이 진심으로 믿고 따릅니다. 사람들은 리더가 이끄는 대로 할 경우 더 좋은 결과를 얻고, 문제가 생겨도 슬기롭게 해결할 것으로 믿습니다. 리더는 스스로 모범을 보이고, 자기가 이끄는 사람들을 존중해야 합니다.

5 '본문 맛보기'의 (가)와 같은 상황에서 나(신우)는 어떻게 행동하면 좋을까요?

....
....
....
....

6 본문 맛보기 (나)를 참고해 암행어사 신우가 바람직한 리더라고 볼 수 있는 이유를 세 가지만 대보세요.

생각이 쑤욱

7 신우와 승우가 반 친구들을 대하는 태도를 비교한 뒤 나의 태도는 어떤지도 생각해 보세요.

| 신우 | 승우 |

나는 친구들을 대할 때 ....

....

앞으로는 ....

8 우리 반에 암행어사가 생긴다면 어떤 친구가 되면 좋을까요? 친구들의 평소 행동을 생각해 추천서를 꾸미세요.

추천서

○○○을(를) 암행어사로 추천합니다.

....

.... 때문입니다.

○○○가(이) 암행어사가 되면, 우리 반은

....

○○○○년 ○○월 ○○일

추천인 :   (사인)

머리에 쏘옥

암행어사

암행어사는 조선 시대에 왕의 명령을 받아 비밀스럽게 활동하던 관리를 말해요.

왕은 서울의 궁궐에서 나라를 다스렸어요. 그러니 왕이 직접 전국을 돌아다니며 살피기 어려웠지요. 그래서 지방의 관리들이 일을 제대로 하는지, 백성들이 어려움이 없이 사는지 알고 싶을 때 암행어사를 보냈답니다.

암행어사는 왕을 대신해 잘못을 저지른 관리를 벌할 수도 있었어요. 암행어사는 해야 할 일이 적힌 책과 마패, 놋쇠로 된 자를 가지고 다녔어요.

마패

옛날에는 빨리 이동해야 할 때 말을 타고 다녔어요. 마패는 오늘날 교통 카드처럼 말을 탈 수 있는 표예요. 마패의 앞면에 그려진 말 그림의 숫자만큼 말을 부릴 수 있었답니다.

마패는 학생증처럼 암행어사임을 알려주는 신분증이기도 해요. 암행어사가 마패를 보이면 잘못을 저지른 관리들은 벌벌 떨었지요.

○ 마패

9 우리 반(또는 우리 학교)의 리더는 어떤 학생이 되었으면 좋을지 말해 보세요(300자).

> 리더는 왜 필요하며, 어떤 일을 해야 하는지 밝혀요.

> 신우를 예로 들어 바람직한 리더의 모습을 소개해요.

11 『왜 맛있는 건 다 나쁠까? -어린이 행복 수업 건강』

몸도 마음도 튼튼해지는 행복한 건강 수업

『왜 맛있는 건 다 나쁠까?
-어린이 행복 수업 건강』

오세연 지음, 웅진주니어 펴냄, 76쪽

 줄거리

탕수육과 돈가스, 제육볶음, 닭볶음탕…. 생각만 해도 군침이 돌아요. 고기를 많이 먹어야 키가 쑥쑥 크고, 힘도 세진다고 하지요. 그런데 고기를 너무 많이 먹으면 오히려 몸이 쉽게 피로해진대요. 비만과 당뇨, 고혈압 등 여러 가지 병에 걸리기도 쉽고요. 초콜릿과 과자, 아이스크림은 입에서 살살 녹는 달콤한 맛이 좋아 먹고 또 먹지요. 바로 설탕 때문이에요. 설탕이 든 음식을 많이 먹으면 기분이 좋아졌다 나빠졌다가 해요. 짜증도 심해지고 집중력도 떨어지지요.

밥을 먹기 싫어하는 친구들도 있어요. 배가 고프지 않다며 밥알을 깨작거리다 숟가락을 놓아요. 햄버거와 치킨, 피자는 아주 좋아하면서 말이에요. 하지만 패스트푸드를 자꾸 먹는 것보다 차라리 몇 끼 굶는 게 더 낫답니다.

묻고 답하기

1. 성수는 왜 수업 시간에 자꾸 졸리고 기운이 없었나요?

2. 민석이는 단것을 너무 많이 먹어 집중력이 떨어지고 짜증이 많아요. 민석이는 식습관을 어떻게 고쳐야 하나요?

3. 다이어트를 하는 유경이에게 의사 선생님이 한 말은?

4. 몸에 안 좋은 음식을 먹으면 건강을 해치는 것처럼 게임을 지나치게 하면 어디가 병이 드나요? 해결 방법도 말해 보세요.

5. 급식을 싫어하던 윤주는 어떤 식습관을 갖게 되었나요?

 **본문 맛보기**

어린이들이 꼭 알아야 할 먹거리의 진실

미국에서는 학교에서 우유 급식을 할 때, 저지방 우유나 무지방 우유를 주는 지역이 많다고 해요. 우유에 들어있는 지방이 비만과 여러 가지 질병을 일으키기 때문에 지방이 적거나 아예 없는 우유를 주는 것이지요. 그러면 저지방이나 무지방 우유를 만들면서 우유에서 빼낸 우유 지방(유지방)은 버릴까요?  그렇지 않아요. 유지방은 아이스크림이나 케이크에 많이 들어가는 생크림으로 바뀌게 되지요. 부드러운 맛이 일품인 아이스크림이나 케이크가 사실 유지방 덩어리예요.

아이스크림에는 설탕도 많이 들어있어요. 아이스크림처럼 차가운 음식은 설탕을 넣어도 단맛이 약하기 때문에 더 많은 설탕을 넣어야 달고 맛있는 아이스크림을 만들 수 있어요. 보통 아이스크림 한 개에는 각설탕 6개가 들어있어요.

아이스크림에는 천연 재료는 거의 없고, 화학적으로 만들어 낸 수많은 색소를 사용해 색깔을 만들어요. 또 딸기와 바닐라, 초콜릿 맛을 내기 위해 다양한 합성 착향료를 사용하지요.

<u>유지방과 설탕, 식품 첨가물의 합이 바로 아이스크림이에요.</u> 모두 건강에 좋지 않아 적게 먹어야 하는 것들이지요.

생각이 쑤욱

1 내가 좋아하는 먹을거리를 다섯 가지만 대고, 그 이유도 말해요.

좋아하는 음식	좋아하는 음식	좋아하는 음식	좋아하는 음식	좋아하는 음식
이유	이유	이유	이유	이유

2 아래 주어진 두 가지 음식의 차이점을 세 가지씩 말해 보세요.

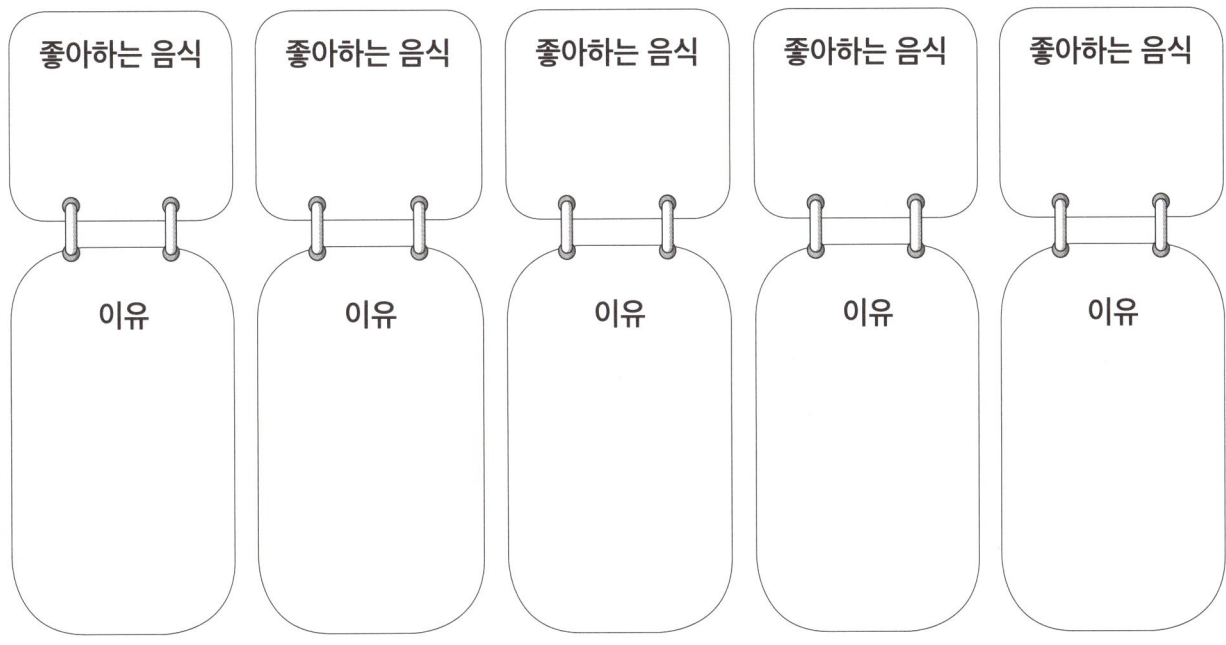

차이점
1.
2.
3.
1.
2.
3.

머리에 쏘옥

슬로푸드

슬로푸드는 말 그대로 '느리게 천천히 먹는 음식'이란 뜻인데, 패스트푸드에 반대되는 말이에요.

사람들은 공장에서 만드는 인스턴트 음식이나 통조림을 먹고, 화학 조미료 등을 사용하면서 음식 고유의 맛과 영양가를 무시하게 되었어요.

슬로푸드 운동을 처음 제안한 사람들은 신선한 재료를 사다 요리하고, 맛을 낼 때도 천연 조미료를 사용해 맛을 내자고 해요. 또 음식을 감사한 마음으로 먹고, 남김없이 먹고, 제철 음식을 즐겨 먹자고 한답니다.

생각이 쑤욱

3 '본문 맛보기'에서 밑줄 친 곳을 참고해, 친구에게 아이스크림을 적게 먹어야 하는 이유를 알려줘요.

 머리에 쏘옥

배스킨라빈스 아이스크림

"아이스크림은 달콤하고 알록달록 색깔도 예뻐 내가 제일 좋아하지."

'배스킨라빈스 31'은 세계적으로 유명한 아이스크림 회사예요. 이 회사를 만든 사장에게는 외아들이 있었는데, 그 사람이 바로 존 로빈스예요. 존은 아이스크림을 많이 먹던 삼촌이 갑자기 심장 마비로 죽자 큰 충격을 받았어요. 존은 유지방이 많이 든 아이스크림이 심장병을 일으킨다는 사실을 알고 나서는 아이스크림 파는 일을 할 수 없다고 생각했어요.

존은 21세가 되었을 때 아버지에게 배스킨라빈스에서 일하지 않겠다고 말했고, 아버지의 재산도 물려받지 않았어요. 그리고 많은 사람들에게 건강하게 사는 방법을 알려주며 지낸답니다.

4 다음은 건강에 해로운 간식들의 특징이에요. 어떤 것들이 있는지 말해 봐요.

> 칼로리가 너무 높아 몸에 지방을 만들어 우리 몸이 뚱뚱해져요.

> 몸을 건강하게 해주는 영양소가 적어서 결국에는 건강을 해쳐요.

> 맛이 짭짤하고 달아 엄마가 해주는 음식이 싱거워요.

5 요즘 어린이들은 식사를 하면서 나물과 채소를 전혀 먹지 않고, 고기와 햄 등만을 먹는 친구들이 많아요. 나물과 채소를 자주 먹어야 하는 이유를 말해 봐요.

머리에 쏘옥

아기 모자를 뜨는 사람들

아프리카는 낮에는 더운데, 밤에는 많이 추워요. 갓 태어난 신생아들은 밤에 체온이 떨어져 죽는 일이 많아요. 신생아들에게 털모자를 씌우면 체온이 올라 죽지 않게 막을 수 있어요. 그래서 사람들이 직접 모자를 떠 아프리카 신생아들에게 선물하는 것이죠.

모자를 뜰 줄 몰라도 아프리카의 아기들을 도울 수 있어요. 1만 원만 기부하면 아기들을 살리기 위한 먹을 것과 약품을 보내줄 수 있어요.

6 어떤 나라는 비만과 음식물 쓰레기 때문에 골치를 썩지만, 어떤 나라는 아이들이 먹을 것이 없어서 굶어 죽어요. 모두가 건강한 세상을 만들려면 어떻게 해야 할지 아이디어를 내보세요.

생각이 쑤욱

7 학교에서 '바른 먹거리 홍보대사'를 뽑는다고 해요. 내가 바른 먹거리 홍보대사가 된다면 어떤 일을 실천할지 세 가지만 들어봐요.

바른 먹거리 홍보대사 임명장

나는 어린이들의 바른 먹거리 실천을 위한 홍보대사 활동을 위해 아래와 같은 일들을 하겠습니다.

1. _____

2. _____

3. _____

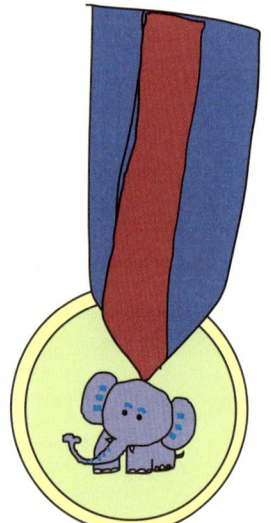

날짜 _____

이름 _____

서명

12 『큰형 학교 똥장 반장』

책임감이 보람과 성취감을 줘요

『큰형 학교 똥장 반장』

길지연 지음, 소담주니어 펴냄, 96쪽

 줄거리

자기가 할 일을 안 하고 엄마한테 미루기만 하던 노을이가 책임감을 기르는 '큰형 되기 학교'에 갔어요. 노을이는 2학년이라 한 반을 책임지는 반장, 큰형이 되었지요. 여기서는 밥을 먹으려면 재료도 다 직접 손질해야 합니다. 돼지들을 돌보고 밥도 줘야 해요. 큰형이 된 어린이들은 같은 반 동생들을 돌볼 책임도 있어요. 그래서 동생들이 화장실에 갈 때나 이부자리를 펼 때도 도와야 해요. 노을이는 같은 반이 된 쌍둥이 동생들, 나래와 산이가 밉기만 해요. 나래는 마녀처럼 사납고, 산이는 굼벵이처럼 느려요. 이런 동생들을 데리고 무언가를 하자니 하나같이 짜증이 나고 귀찮기만 해요. 이런 동생들을 데리고 무서운 여우고개를 넘어야만 하는 노을이…. 그런데 노을이가 동생들과 여우고개를 무사히 넘어 '큰형 되기 학교' 졸업장을 받는답니다.

본문 맛보기

'큰형 되기 학교'에 들어가 반장이 되다

노을이의 즐거운 마음은 하루도 지나지 않아 싹 달아나버렸다. 이건 반장이 아니라 똥장이라고 부르는 게 나았다. 나래와 산이가 화장실에 가면 따라가야 했고, 이불을 펼 때도 도와야 하고, 밥 먹을 때도 지켜봐야 했다. 게다가 산이는 말도 더듬거리고 모든 게 느릿느릿 거북이었다.

"내가 노예야? 꼬맹이들 심부름이나 하게."

그뿐만이 아니었다. 자기가 맡은 돼지에게 먹이도 줘야 하고, 자기가 먹을 과일이나 채소는 자기가 씻어야 했다. 노을이는 돼지에게 침을 뱉고 욕을 했.

"더러운 돼지새끼야!"

"강노을! 그런 말 하면 안 돼, 돼지들은 우리를 위해서 고기를 주는데 고마운 마음을 가져야지."

언제 왔는지 하늬 선생님이 옆에 서 있었다.

"네, 알았어요."

노을이는 마지못해 대답했지만 부글부글 화가 치밀었다.

'엄마한테 데리러 오라고 할 거야.'

노을이는 이를 바드득바드득 갈았다. 다음날 아침, 노을이는 아무도 없는 틈을 타서 살금살금 교장실로 들어갔다. 그리고 재빠르게 엄마한테 전화를 걸었다.

"엄마! 빨리 데리러 와."

"어머, 노을이구나. 잘 지내지? 이제 하루 지났는데 벌써 집에 오고 싶어?"

책임감이 있는 '큰형'이 되다

"혹시 여우 할매 아닐까?" 나래의 말에 노을이는 머리털이 곤두섰다.

"그런 말 하지마, 무서워."

"뭐가 무서워? 하늬 선생님이 따라오시니까 안 무서워."

나래는 늘 씩씩했다. 노을이는 여우 할매 생각을 안 하려고 자꾸 다른 말을 했다.

"너희는 이 학교 어떻게 왔어?"

"산이가 오자고 했어. 산이는 아파서 늘 가족들이 돌봐줬거든. 그래서 자기 일을 스스로 해 보고 싶었대."

"난, 난 남자니까 내, 일은 내가, 하고 내, 일에 책, 책임을 지고 싶어."

"이 학교에 오면 돼지 밥도 주고 지옥 훈련 한다는 것도 알았어?"

"응, 알았어. 큰형 되기 학교는 책임감을 기르는 곳이야."

나래가 야무지게 대답했다. 산이도 크게 고개를 끄덕였다. 노을이는 갑자기 산이가 큰형처럼 보였다. 나래도 큰누나 같았다. 나래도 산이도 겨우 여덟 살이었다.

"오빠는 모르고 온 거야?"

"응, 엄마한테 속아서…."

노을이는 나래 눈치를 보며 머리를 긁적였다.

"난 혼자야. 그래서 뭐든지 내 마음대로 해. 막 짜증내면 숙제도 엄마가 해줬어. 내가 해야 할 일을 거의 엄마가 다 해줬어. 엄마가 나한테 복수한 거야."

"오빠, 여기 온 거 후회해? 엄마 미워?"

"조금 미워. 그런데 너희들 보면서 많이 배웠어. 앞으로 나도 큰형이 되도록 노력할 거야."

생각이 쑤욱

1 노을이는 엄마의 권유로 큰형 되기 학교에 입학했어요. '본문 맛보기'를 참고해 이 학교가 어떤 곳인지 소개해요.

2 큰형 되기 학교에서 반장이 된 노을이는 '반장'이 아니라 '똥장'이라고 불평했어요. 노을이에게 반장의 할 일을 세 가지만 알려줘요.

 머리에 쏘옥

책임감이 왜 필요할까

책임감은 집에서 뿐만 아니라, 학교와 도서관 등의 공공장소에서도 꼭 필요합니다. 책임감이 있으면 자신이 맡은 일을 스스로 해결하게 돼요. 어려움에 부딪혀도 쉽게 포기하지 않고 끝까지 해 내려고 노력하는 태도도 책임감에서 나오지요.

책임감을 기르려면 콩나물을 집에서 길러봐도 좋고, 화분이나 금붕어 등을 기르는 것도 좋습니다. 선생님이 내주신 과제를 꼬박꼬박 하고 준비물을 스스로 챙기는 일도 책임감을 기르는 방법이 될 수 있답니다.

3 아래 말풍선의 내용은 노을이가 같은 반인 동생들을 챙기지 않자 선생님이 한 말이에요. 책임을 모르는 노을이는 뭐라고 변명했을까요?

"강노을! 잘 들어. 졸업장은 세 사람이 똑같이 받는 거야. 나래와 산이만 잘한다고 졸업장을 받는 게 아니야. 큰형도 동생들도 모두 잘 해야 받을 수 있어."

4 큰형 되기 학교에 다녀오기 전과 다녀온 뒤 노을이의 태도가 어떻게 바뀌었는지 글에서 찾아보세요.

큰형 학교에 다녀오기 전	큰형 학교에 다녀온 뒤

영화 '포세이돈 어드벤처'

'포세이돈'은 아주 큰 배 이름이에요. 이 배는 1400명이나 되는 여행객을 태우고 항해하던 중, 큰 파도를 만나 침몰합니다. 이 사고로 배에 탄 많은 사람이 죽거나 다치지요. 이때 배를 지휘하던 선장과 선원들은 한 사람도 구조되지 못한 채 모두 죽습니다. 배를 타는 사람이면 승객보다 헤엄도 잘 치고 바다를 잘 알텐데도 말이지요.

선원들이 모두 배에 탄 승객을 살리기 위해 배가 침몰할 때까지 탈출하지 않아 그런 것입니다.

배에서 음악을 연주하던 연주자들은 배가 가라앉는 순간까지 제자리에서 음악을 연주했다지 뭐예요. 이들 모두 자기 책임을 다한 것입니다.

5 아래 그림들은 노을이의 생활 모습이에요. 책임을 다하지 않는 모습을 모두 찾은 뒤 각각 고칠 점도 말해요.

생각이 쑥쑥

6 큰형 되기 학교의 졸업식 날이에요. 노을이가 받을 졸업장의 내용을 채워요.

졸업장

강노을

위 사람은 _____

_____

_____

므로 큰형 되기 학교 졸업장을 드립니다.

0000년 00월 00일

머리에 쏘옥

책임감이 강한 사람이 되려면

책임감이 강한 사람이 되려면 집과 학교에서 자신이 책임을 다해야 할 일을 찾아보고 어떻게 실천할지 생각해야 합니다.

- 책임을 다하는 방법
① 내가 맡은 역할이 무엇인지 정확하게 안다.
② 실천 방법을 찾는다.
③ 성실하게 실천한다.
④ 잘했는지 살펴본다.
⑤ 반성하고 잘못된 점은 고친다.

7 아래 직업을 가진 사람들이 큰형 되기 학교에 들어간다면 각각 어떤 책임감을 배울지 한 가지씩 말해요.

소방관	
우체부	
경찰관	
선생님	
대통령	
기자	

8 아래 내용에서 자기가 해당되는 곳에 동그라미를 표시하고, 나의 책임감은 어느 정도인지 알아봐요. 평가를 마친 뒤 느낀 점도 말해요.

나의 책임감

☞ 상=그렇다, 중=보통이다, 하=그렇지 않다

실천 내용	평가	상	중	하
자기에 대한 책임	공부를 열심히 한다.			
	소질을 발전시키기 위해 노력한다.			
친구에 대한 책임	친구의 입장에서 생각한다.			
	친구의 말에 귀를 기울인다.			
가정에 대한 책임	부모님을 돕는다.			
	자기가 쓰는 방은 스스로 청소한다.			
학교에 대한 책임	교실을 깨끗하게 청소한다.			
	학교 시설물을 소중히 다룬다.			
사회에 대한 책임	어려운 이웃을 돕는다.			
	박물관에서 질서를 지킨다.			

☞ 상에 동그라미 8개~10개=책임감 강함.
☞ 상에 동그라미 5개~ 7개=책임감 보통.
☞ 상에 동그라미 4개~ 0개=책임감 약함.

평가 결과	상( )개 중( )개 하( )개
느낀 점	

독서토론 초급 3호 답안과 풀이

1. 『미생물을 먹은 돼지-미생물의 종류와 하는 일』

♣7쪽
1. 독해력 측정 문제다.
   - **예시 답안**
   평소에 손을 잘 씻지 않고, 옷도 잘 빨아 입지 않았기 때문에.
2. 독해력 측정 문제다.
   - **예시 답안**
   목이 따끔거리고, 기침도 났다. 콧물이 흘러내렸으며, 열도 났다.
3. 독해력과 배경 지식을 바탕으로 상상력을 요구하는 문제다.
   - **예시 답안**
   자유롭게 그리도록 한다.

♣8쪽
4. 배경 지식을 바탕으로 추론하는 능력을 기른다.
   - **예시 답안**
   병균은 평소에 균형 잡힌 식사를 하고 적당한 운동을 규칙적으로 한 아이들의 몸속으로는 잘 들어가지 못한다. 들어가도 금방 방어 병사(백혈구)에게 죽임을 당하기 때문이다.
5. 추론 능력이 필요한 문제다.
   - **예시 답안**
   (위부터 순서대로) 몸속 : 백혈구가 출동해 병균을 처리한다.
   코와 입 : 털이나 미끌미끌한 점액이 방어벽을 만들고 병균이 자라지 못하도록 방해한다.
   피부 : 몸에서 병균을 막는 첫 번째 방어벽이다.

♣9쪽
6. 독해력과 배경 지식을 바탕으로 회화 능력을 기르는 문제다.
   - **예시 답안 생략**
7. 인터넷을 검색해 배경 지식을 기르는 문제다.
   - **예시 답안**
   사람을 괴롭히는 질병 가운데 백신 주사로 예방이 되는 질병은 콜레라와 장티푸스, 풍진, 파상풍, 디프테리아, 홍역, 일본뇌염, B형 간염, 인플루엔자(독감) 등이 있다.

♣10쪽
8. 독해력을 바탕으로 게임을 하며 복습을 하는 문제다.
   - **예시 답안**
   ①꼬질이 아저씨는 평소 손을 잘 씻지 않았어요.(O)
   ②미생물은 눈에 보이지 않는 작은 생물을 말해요.(O)
   ③미생물은 모두 사람 몸에 질병을 일으켜요.(X)
   ④열이 나면 무조건 약을 먹는 게 좋아요.(X)
   ⑤사람 몸이 병균과 싸울 때 열이 나요.(O)
   ⑥몸속에 침입한 병균과 싸우는 것은 백혈구예요.(O)
   ⑦면역력을 키우려면 운동을 무조건 많이 해요.(X)
   ⑧발효 식품은 건강에 좋은 음식이에요.(O)
   ⑨감기와 독감은 다른 질병이에요.(O)

2. 『아홉 살 사장님』

♣12쪽
1. 책 내용을 이해했는지 파악하는 문제이다. 독해력을 키울 수 있다.
   ①다빈이는 아이들에게 불량 식품을 사주고, 솔찬이는 재활용 수거함에 버려진 물건을 사용하기 때문에.
   ②부자들은 하고 싶은 것도 마음대로 하고, 사고 싶은 것도 마음대로 살 수 있기 때문에.
   ③함께 나누는 것.
   ④알뜰하게 절약해 한 푼 두 푼 모은 돈으로 얼마든지 기부할 수 있다고 했다.
   ⑤사탕을 천천히 빨아 먹듯 물건을 아끼고 절약해 사용하면 오랫동안 사용할 수 있기 때문에.

♣14쪽
1. 배경 지식을 통해 아프리카 어린이를 위해 기부를 해야 하는 이유를 생각해 본다.
   - **예시 답안**
   아프리카에는 병들고 굶주린 어린이들이 많아 이들을 돕기 위해서이다. 세계 여러 나라들도 기부를 한다. 우리나라도 과거 가난했을 때 다른 나라의 도움을 받은 적이 있다.
2. 독해력을 바탕으로 욕심을 냈던 경험과 이를 절제할 수 있는 방법을 안다.
   - **예시 답안**
   욕심을 부렸던 경험 : 엄마께 새 옷을 사달라고 졸랐다. 사서 한두 번만 입은 옷이 많다.
   욕심 부리지 않을 거예요 : 새 옷만 좋아하지 않고, 입는 옷도 소중히 여길 것이다. 그리고 한번 산 옷은 오래 입을 것이다.

♣15쪽
3. 독해력을 바탕으로 자신의 생각을 말한다.
   - **예시 답안**
   다빈이가 불량 식품을 사주니 친구들이 좋아했다. 그러나 벼룩시장에서 물건을 팔자 흉을 봤다. 이를 통해 친구는 돈으로 사귈 수 있는 것이 아니라고 생각한다. 지금 사귄 친구와는 같은 학원을 다니면서 이야기도 많이 하고 어려운 점을 서로 도우면서 친해졌다. 따라서 돈으로는 친구를 사귈 수 없다고 생각한다.
4. 돈을 절약해야 하는 이유를 안다.
   - **예시 답안**
   다빈아, 돈은 물처럼 쓰는 것이 중요한 게 아니라 한 푼 두 푼 모으는 것이 중요해. 낭비하면 부자가 될 수 없어. 절약하는 습관을 길러야 해. 돈을 함부로 쓰면 나중에 꼭 필요할 때 쓸 돈이 없게 되지.

♣16쪽
5. 독해력을 바탕으로 부자가 되는 방법을 생각해 본다. 사고의 융통성과 논리력이 필요하다.
   - **예시 답안**

〈부자가 되는 방법〉
4. 사용하지 않는 전자제품의 콘센트를 뽑아둔다.
5. 가까운 거리는 걸어 다닌다.
〈이유 적는 곳〉
　부자가 되려면 평소 절약하는 습관을 들이는 일이 중요하다. 사용하지 않는 전자제품의 콘센트를 빼놓지 않으면 전기가 계속 새나가 전기료가 낭비된다.
　가까운 거리를 걸어 다니면 교통비도 아낄 수 있고 건강에도 좋다.
6. 독해력을 바탕으로 질문에 맞는 대답을 한다.
☞ 예시 답안
　-어떻게 아홉 살에 사장님이 되었나요?
　"할아버지와 함께 벼룩시장에서 재활용품을 팔아 사장님이 되었어요."
　-열심히 번 돈은 어떻게 사용했나요?
　"번 돈을 모두 어려운 이웃을 위해 기부했습니다."
　-사장님이 되어 돈을 많이 벌었는데, 돈이 많으면 행복하다고 생각하나요?
　"할아버지께서 말씀하셨듯 돈이 많다고 행복한 것이 아니라, 그 돈을 어려운 사람들과 나눠야 더 행복하다고 생각합니다."

♣16쪽
7. 종합적인 능력이 필요하다.
☞ 예시 답안
　기부는 한 푼 두 푼 돈을 모아 할 수도 있지만, 자신의 재능을 다른 사람들과 나눌 수도 있다. 저는 피아노학원을 오래 다녀 피아노를 잘친다. 형편이 어려워 피아노 학원에 다닐 수 없는 친구들에게 피아노를 가르치는 재능 기부를 할 수 있다. 피아노를 치면 기분이 좋아지고 마음이 차분해진다. 저를 통해 피아노를 배운 친구도 이런 기분을 느꼈으면 좋겠다.

3. 『이슬람의 기쁨 라마단』

♣21쪽
1. 독해력 측정 문제다.
☞ 정답
　①-ⓒ, ②-ⓛ, ③-ⓔ, ④-ⓖ, ⑤-ⓜ
2. 본문을 이해하고, 이야기를 연결하는 능력이 요구된다.
☞ 정답
　②→③→⑥→⑤→④→①→⑦

♣22쪽
3. 본문을 이해하고, 대화를 만드는 능력이 요구된다.
☞ 예시 답안
　행복이 : 안녕하세요, 저는 행복이라고 합니다. 라마단이 무엇인가요?
　주인공 : 라마단은 이슬람 달력으로 아홉 번째 달(이)랍니다.
　행복이 : 아, 그렇군요. 라마단은 언제 시작해 언제 끝나나요?
　주인공 : 라마단은 아홉 번째 초승달이 뜰 때부터 질 때까지입니다.
　행복이 : 라마단 기간에 지켜야 할 것은 무엇이 있나요?
　주인공 : 라마단에는 낮에 음식을 먹을 수 없어요. 그리고 꾸란을 읽으며 기도를 해야 합니다. 이런 것들을(를) 지켜야 해요.
　행복이 : 그럼, 이슬람교를 믿는 사람들은 라마단을 어떻게 생각하나요?
　주인공 : 꾸란에 있는 신의 말씀을 기억하고 바르게 살 것을 다짐하며 기도해요. 무슬림에게는 큰 축제나 다름없지요.
　행복이 : 아, 그렇군요. 그럼 내년의 라마단도 기다리겠네요?
　주인공 : 예, 내년 라마단도 손꼽아 기다리고 있어요.

4. 배경 지식이 필요하다.
☞ 예시 답안
　친구의 무거운 짐을 함께 든다/아픈 친구를 돕는다/나쁜 말을 하지 않는다 등.

♣23쪽
5. 이해력과 창의력이 필요한 문제다.
☞ 예시 답안
　(위에서 아래로)라마단에서는 음식을 먹지 않아요=라마단에는 낮에 음식을 먹지 않고 밤에 먹으며, 아침 해가 뜨기 전에 죽을 먹습니다.
　사원에 모여요=라마단에는 사원마다 꾸란을 외우는 소리가 들립니다.
　기도를 해요=나와 가족, 이웃을 위해 기도합니다.

♣24쪽
6. 독해력을 바탕으로 회화 능력과 창의적인 문제 해결 능력을 기른다.
☞ 예시 답안
　라마단은 이슬람 달력으로 아홉 번째 초승달이 뜨면 시작합니다. 그 다음 초승달이 뜰 때까지 이어집니다. 낮에는 식사를 할 수 없습니다. 라마단 기간 동안 집이나 사원에서 기도를 해야 합니다.

4. 『호기심 대장』

♣28쪽
1.사고의 유연성과 융통성을 요구하는 문제다.
☞ 예시 답안
　▶호기심은 (돋보기)이다.
　호기심은 궁금한 점이 있으면 자세히 들여다보고 싶기 때문이다.
2.독해력을 바탕으로 구체성을 기르는 문제다.
☞ 예시 답안
　▶저는요! 주인공과 호기심이 강해 시도 때도 없이 질문하는 바람에 선생님과 부모님을 귀찮게 한다는 점이 닮았어요.
　▶저는요! 주인공과 비교해 호기심이 생기면 해결하려고 노력하지 않고 일찍 포기한다는 점이 달라요.

♣29쪽
3.독해력을 바탕으로 분석력과 구술 능력을 키운다.
☞ 예시 답안
　-부모님과 선생님, 친구들이 호기심이 많은 나를 이해해 주지 않아 서운하고 속상하다.
　→호기심을 어떻게 해결해야 할지 몰라 답답했는데, 책을 통해 찾는 방법을 알게 되어 속이 후련하다.
　→호기심을 해결하면 나는 물론 남에게도 이익이 된다는 사실을 알게 돼 기쁘다. 그리고 호기심을 해결하면 다른 호기심이 생겨 빨리 해결하고 싶어진다.
4.독해력을 바탕으로 창의성과 구술 능력을 기르는 문제다.
☞ 예시 답안

궁금증	풀고 싶은 이유
왜 별은 반짝일까?	밤하늘의 별이 반짝이다 혹시 사라지지나 않을까 겁이 났다.
전화기에서 소리가 어떻게 전해질까?	멀리 떨어진 사람들과 어떻게 해서 목소리를 주고받을 수 있는지 신기했다.
아기는 엄마 배속에서 어떻게 숨을 쉴까?	엄마 배속에는 산소가 없어 숨을 쉬지 못할 텐데 아기가 어떻게 살 수 있는지 궁금했다.

5. 배경 지식을 바탕으로 문제 해결 능력과 구술 능력을 기르는 문제다.
→ 예시 답안

도연아, 호기심이 생기면 스스로 백과사전이나 인터넷에서 찾아 해결하도록 노력해 봐. 그래도 모르면 선생님이나 부모님께 여쭤보고. 박물관이나 과학관을 방문하는 것도 좋은 해결 방법이란다. 그리고 호기심 공책을 만들어 궁금증을 모두 적어보고, 그때마다 해결하도록 노력하는 거야.

♣30쪽
6. 배경 지식을 바탕으로 추론 능력과 구술 능력을 기르는 문제다.
→ 예시 답안

나는 어린 시절에 공부를 못하는 아이, 머리가 나쁜 아이로 통했단다. 도연이 너처럼 궁금한 점이 생기면 참지 못하고 선생님에게 시도 때도 없이 질문을 해댔기 때문이지. 그리고 궁금한 게 있으면 그냥 넘어가지 않고 어떻게든 알아내려고 애를 썼단다. 그런 노력이 쌓여 위대한 과학자가 된 것이지. 도연이 너도 성격이 나와 비슷하니 과학자가 아니라도 꼭 훌륭한 인물로 자랄 수 있을 거야. 호기심은 절대로 나쁜 것이 아니니 스스로 해결하며 꿈을 이루도록 하거라.

7. 독해력을 바탕으로 정보 압축 능력을 기른다.
→ 예시 답안

감사장

김도연

위 사람은 호기심이 남달리 강해 평소 주위에서 귀찮게 여겼지만 학교에서 가르쳐 주지도 않은 응급 처치 방법을 스스로 익혀 친구를 구했으므로 감사장을 드립니다.

○○○○년 ○월 ○○일

♣31쪽
8. 독해력을 바탕으로 한 정보 압축 능력과 종합적인 문제 해결 능력을 기르는 문제다.
→ 예시 답안 그림 생략

호기심은 꿈을 키우는 지름길!

호기심이 클수록 창의적이고 모험심이 강해집니다. 창의성과 모험심이 크면 훌륭한 지도자가 될 수 있습니다/여러분이 던진 물음표 하나가 세상을 바꾸는 작은 시작이 될 수도 있답니다 등.

5. 『일기 도서관』

♣33쪽
책 내용을 이해했는지 파악하는 문제다. 독해력을 키울 수 있다.
→ 정답

1.(8쪽)일기 숙제를 아예 해오지 않거나 열 줄도 채 못 쓴 아이들은 선생님이 벌로 청소를 시키기 때문에.

2.(8쪽)도서실 유리창과 벽에 있는 낙서를 닦고 청소한 느낌을 일기에 쓰라고 했다.

3.(59쪽)'참 잘했어요' 도장이 유달리 많이 찍혀 있어 부러웠고, 하루쯤 일기를 베껴 쓰는 것도 괜찮다고 생각해서.

4.(69쪽)아이들이 다 쓴 일기장을 선생님이 복도에 내놓으면 일기 도서관에 가져가 쌓아놓는 일을 한다.

5.(107쪽)민우가 어제 베껴 쓴 일기와 벼리의 그저께 일기 내용이 같았기 때문에.

♣35쪽
1. 융통성과 창의성을 요구하는 문제다.
→ 예시 답안

분식점, 동물원, 요정 나라, 동화책 나라 등.

2. 독해력을 바탕으로 추론하는 문제다.
→ 예시 답안

1. 벌로 도서실 청소를 할 때 : 창피하고 속이 상했다.
2. 일기 도서관을 발견했을 때 : 두렵지만 신기하고 어떤 곳인지 궁금했다.
3. 베껴 쓴 일기를 들켰을 때 : 쥐구멍에 숨고 싶은 심정이고, 벼리에게 특히 미안했다.
4. 선생님에게 솔직하게 말했을 때 : 솔직하게 말하니 홀가분하고, 앞으로 일기를 어떻게 쓸지 알게 되어 기뻤다.

♣36쪽
3. 독해력을 바탕으로 문제 해결 능력을 키운다.
→ 예시 답안

일기는 거울처럼 내 마음의 모습을 거짓 없이 있는 그대로 보여주는 글이다. 따라서 일기를 쓸 때 가장 중요한 일은 거짓 없이 쓰는 것이다.

4. 학습한 정보를 바탕으로 분석력과 융통성을 키운다.
→ 예시 답안

▶관찰 일기=동식물의 모습이나 변화 과정을 자세하게 관찰해 일기에 쓴다.
▶독서 일기=책을 읽고 주인공에게 보내는 편지글이나 감상문 형태로 일기를 쓴다.
▶신문 일기=신문에서 가장 흥미 있는 사진이나 기사를 보고 오려 붙인 다음 생각과 느낌을 일기에 적는다.

♣37쪽
5. 사고의 유연성과 구체성을 키운다.
→ 예시 답안

학급 일기장을 만들어 반 아이들이 돌아가며 교실에서 있었던 일을 적게 한다 등.

6. 독해력을 바탕으로 정보 압축 능력을 기르는 문제다.
→ 예시 답안

잘못한 일이 있으면 잘못한 대로, 잘한 일이 있으면 잘한 대로 솔직하게 쓰겠다고 다짐한다. 또 일기는 하루에 일어난 일 가운데 가장 기억에 남는 것을 한두 가지만 쓰되 일기 쓰기에 재미를 느끼며, 하루 일과를 정리하는 시간을 갖겠다고 다짐한다.

♣38쪽
7. 문제 해결 능력을 기른다.
→ 예시 답안

행복이의 독서 일기

민우야 안녕? 나는 행복초등학교에 다니는 행복이야. 민우, 네가 일기 쓰는 것을 힘들어하는 것을 보고 무척 안타까웠어. 너에게 일기를 쓰면 어떤 점이 좋은지 몇 가지 알려줄게.

일기는 하루 동안 내가 무슨 일을 했는지 생각할 수 있는 시간을 갖는 것이란다. 또 매일 일기를 쓰다 보면 생각하는 힘이 길러진단다. 일기를 여러 가지 형식으로 쓰면 글솜씨도 늘게 되지. 무엇보다도 일기는 자신의 행동을 반성하고 다짐도 할 수 있게 만들지. 그리고 다른 사람의 마음을 이해하는 고운 마음도 갖게 한단다.

민우야, 일기 쓰기가 처음에는 힘들더라도 독서 일기와 신문 일기 등 여러 가지 방법으로 쓰면 나중에는 즐거워질 거야. 민우야, 다음에 또 쓸게 잘지내.

행복이가

6. 『진짜 도둑』

♣40쪽
독해 문제다.
1. 정답
(26~8쪽)돌로 만든 보물 창고를 드나들 수 있는 곳은 문뿐인데, 가윈이 그 열쇠를 가졌기 때문에.
2. 정답
(39쪽)진짜 도둑은 데릭이다. 데릭은 창고의 돌 틈으로 보물을 훔쳤다.
3. 정답
(59쪽)데릭은 보물을 계속 훔쳐, 가윈이 범인이 아니라는 사실을 밝혔다.
4. 정답
(70쪽)동굴에 숨어 살며 친구들과 함께했던 때를 생각했다.
5. 정답
(76~78쪽)데릭이 찾아와 진짜 도둑임을 밝히고 용서를 빌었기 때문에.

♣42쪽
1. 인물을 중심으로 내용을 요약하는 능력을 기른다.
➡ 예시 답안

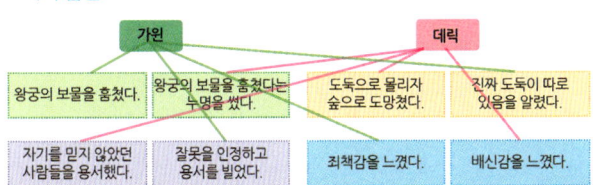

가윈은 도둑으로 몰리자 배신감을 느꼈지만 자기를 믿지 않았던 사람들을 용서했다/데릭은 진짜 도둑인데, 죄책감을 느껴 가윈에게 용서를 빌었다 등.
2. 독해력을 바탕으로 주인공의 마음을 추론하는 문제다.
➡ 예시 답안
배신감을 느꼈다/세세상에 믿을 사람이 없다고 생각했다/가윈을 믿지 못한 걸 후회했다 등.
3. 등장 인물의 행동을 평가해 충고의 말을 한다.
➡ 예시 답안
확실한 증거가 없으면 다른 사람을 함부로 의심하지 마세요. 가윈의 말을 믿었다면 어떻게 해서든 범인을 잡을 다른 방법을 찾았을 거예요.

♣43쪽
4. 신뢰를 회복할 수 있는 방법을 찾는 문제다. 문제 해결력과 사고의 구체성이 필요하다.
➡ 예시 답안
가윈의 마음이 풀릴 때까지 사과한다/같은 일이 반복되지 않게 가윈의 일을 동화나 노래로 만들어 널리 알린다 등.

5. 주인공이 문제를 해결한 과정을 이해하고, 나에게 적용한다. 사고의 유연성과 논리력을 기른다.
➡ 예시 답안
오해가 풀릴 때까지 그냥 기다린다. 사람들이 의심하기 시작하면 어떤 말을 나쁜 뜻으로만 받아들이기 때문이다/오해를 풀기 위해 적극 노력할 것이다. 가만히 있으면 내 잘못을 인정하는 꼴이기 때문이다 등.
6. 이해하고 용서하는 마음이 믿음직한 관계를 만드는 데 필요함을 안다.
➡ 예시 답안
데릭이 진심으로 사과했기 때문에/데릭도 충분히 괴로워했기 때문에/데릭이 가윈의 누명을 벗겨줬기 때문에 등.

♣44쪽
7. 주인공과 비슷한 자신의 경험을 말하는 문제다. 사고의 융통성과 조리있게 말하는 능력이 요구된다.
➡ 예시 답안
-숙제를 다 했지만, 학교에 가져가지 않은 적이 있었어요. 선생님이 숙제를 하지 않고, 가져오지 않았다고 거짓말한다며 화를 내셨어요. 단순한 실수인데, 거짓말쟁이로 몰아 너무 억울하고 화가 났어요. 엄마에게 전화해 숙제한 것을 바로 가져다 달라고 했어요. 그리고 평소 다른 사람에게 사실만 말하고, 믿을 만한 행동을 하기로 결심했어요.
8. 속담을 활용해 등장 인물에게 하고 싶은 말을 한다. 논리력과 독창성이 필요하다.
➡ 예시 답안
데릭에게/바늘도둑이 소도둑 된다/아무리 작은 것이라도 남의 물건을 훔치면 안 돼 등.

♣45쪽
9. 구성력과 논리력 등 종합적인 능력을 키운다.
➡ 예시 답안
가윈과 데릭이 사람들을 불러 모아 회의를 했어요.
"누구를 범인으로 의심하고 잘못을 따지기 위해 모인 것이 아닙니다. 도둑을 잡을 좋은 방법을 의논해 봅시다."
가윈의 말에 사람들은 모두 고개를 끄덕였어요.
"보물 창고 바닥에 끈끈이를 놓읍시다. 범인의 발이 딱 붙게."
"보물에 지워지지 않는 검은색 잉크를 발라요. 손을 보고 찾게."
"범인이 잘못을 되돌릴 기회를 줍시다. 이번 주까지 보물을 돌려놓으면 아무 것도 묻지 않겠다고 포스터를 붙여요."
사람들은 보물이 사라졌지만, 서로 믿는 마음까지 도둑 맞지 않았다는 사실이 기뻤어요.

7. 『옥수수 할아버지』

♣49쪽
1. 독해력 측정 문제다.
➡ 정답
(가나다 순으로)동무, 새터민, 소학교, 얼음보숭이, 통일.
2. 독해력과 추론 능력이 필요하다.
➡ 예시 답안
-새터민의 뜻 : 북한에서 탈출한 뒤 남한에 들어와 사는 사람들.
-새터민으로 부르는 이유 : 새로운 터전에서 생활을 시작하는 사람이어서.
3. 본문을 이해하고, 이야기를 기억해 연결하는 능력이 요구된다.

♣ 정답
①→④→⑤→②→③

♣ 50쪽
4. 배경 지식을 바탕으로 추론 능력을 기른다.
☞ 예시 답안
　학교에 잘 적응할 수 있도록 안내하고, 과제물도 함께 한다. 새터민이라고 특별하게 대하지 말고, 다른 친구들과 똑같이 지낸다. 북한에서 왔다고 놀리거나 따돌리지 않는다.
5. 이해력과 창의력이 필요한 문제다.
☞ 예시 답안
　-여름에는 얼음보숭이를 먹으면 시원해진다/나는 그림일기에 그림분필로 저녁노을을 예쁘게 그렸다/어제 사온 팔팔아가 나를 보고 아침 인사를 건넸다 등.

♣ 51쪽
6. 주인공의 마음을 이해하고, 짧게 축약하는 능력을 요구하는 문제다.
☞ 예시 답안
　-작사 : 이행복
　-제목 : 나의 소원은 통일
　-가사 : 나~의 소원은 통일 꿈에도 소원은 통~일 옥수수 좋아하는 손자 보~고 싶구나 어릴 적 뛰놀던 고향 꿈에도 그리운 고향 통일이여 어서 오라 손자야 기다려.
7. 종합적인 사고력과 상상력을 바탕으로 이어질 이야기를 전개하는 능력이 요구된다.
☞ 예시 답안
　옥수수 할아버지가 함박눈을 크게 뭉쳐 삼총사에게 던지셨다. 함박눈을 맞으며 할아버지의 손자인 창남이를 생각하던 나(범수)도 눈을 뭉쳐 할아버지에게 던졌다.
　"할아버지, 받으세요!"
　"아이구! 셋이 한꺼번에 공격하면 반칙이야!"
　"하하하!"
　즐거운 시간도 잠시, 할아버지의 표정이 어두워지셨다. 창남이가 생각나셨나 보다.
　'우리 창남이는 얼마나 컸을까? 삼총사처럼 씩씩하겠지!'
　우리는 아무 말 없이 할아버지의 차가운 손을 꼭 잡았다. 곧 할아버지의 손이 따스해지고, 우리 마음이 전해지는 것을 느꼈다.
　북한에 있는 창남이도 함박눈을 맞으며 할아버지 생각에 잠겼다. 남한에 무사히 도착해 잘 지내신다는 소식도 계속 전해 들었다. 할아버지와 만날 날을 기다리며 창남이는 두 손을 꼬옥 잡았다.
　'하느님! 제가 할아버지를 찾아갈 때까지 건강하시고, 웃으며 지내시게 도와주세요.'

♣ 52쪽
8. 독해력을 바탕으로 종합적인 문제 해결 능력을 기른다.
☞ 예시 답안 생략

8. 『꼬질꼬질 구리구리 지구가 몸살 났어요』

♣ 54쪽
1. 독해 문제다.
☞ 정답
　출발점부터 진행 방향으로 차례대로 (9쪽)분리 수거, (12쪽)나무, (17쪽)지렁이, (22쪽)가전제품, (23쪽)쓰레기가 많아져 환경을 더럽힌다, (41쪽)X, 불에 태울 때 공기를 오염시키는 물질이 나온다, (8쪽)재활용/유리를 분리배출 등, (48쪽)O, (50쪽)난지도, (21쪽)휴지 대신 손수건을 사용한다, 나무젓가락 대신 쇠젓가락을 사용한다 등.

♣ 56쪽
1. 학습한 내용을 요약해 표현하는 능력을 기른다.
☞ 예시 답안
　종이는 나무로 만들기 때문에 종이를 함부로 버리면 숲을 망가뜨리는 것과 같기 때문이다.
2. 독해력을 바탕으로 쓰레기가 일으키는 문제점을 파악한다.
☞ 예시 답안
　쓰레기가 썩으면서 독한 냄새가 나고 해로운 물질이 나온다/쓰레기를 땅에 묻으면 흙과 물을 더럽힌다/오염된 물을 먹으면 동물과 사람이 병든다 등.
3. 배경 지식을 활용해 바다의 쓰레기를 줄일 방법을 찾는다. 문제 해결력이 필요하다.
☞ 예시 답안
　땅의 쓰레기는 바다에 버리지 않는다/공장 폐수는 바다로 내보내기 전에 깨끗하게 한다/해수욕장을 이용할 때 쓰레기를 함부로 버리지 않는다 등.

♣ 57쪽
4. 쓰레기를 다시 쓰는 자원으로 바꿀 방법을 안다.
☞ 예시 답안
　1)종이팩 :　　/종이류 :
　/ 유리 :　　/플라스틱 :
　/ 비닐 :　　/캔 :

　2)우유팩-내용물은 버리고 물로 헹궈요. 부피가 줄어들게 접어요. 일반 종이류와 섞이지 않게 '종이팩' 수거함에 버려요.
　3)그림 생략. 잘 안 쓰는 물건을 벼룩시장에 판다 등.

♣ 58쪽
5. 기획력과 주제를 압축해 표현하는 능력을 기른다.
☞ 예시 답안
　-제목 : 지구를 살리는 컵을 사용해요.
　-본문 : 무심코 사용하는 종이컵 때문에 나무가 죽고, 지구가 몸살이 나요. 개인 컵을 사용하면 숲을 지키고, 지구를 살릴 수 있어요.
6. 주제와 내 경험을 연결하는 문제다. 사고의 융통성과 논리력이 필요하다.
☞ 예시 답안
　-장난감, 싫증나 / 연필, 새 것이 갖고 싶어 /밥, 먹기 싫어 / 학원, 종이, 재활용하기 귀찮아 등.
　-쓰던 물건이 싫증나고 재활용하기 귀찮아, 꼭 필요한 물건인지 한 번 더 생각하고, 다시 쓸 수 없는지 생각한다 등.

♣ 59쪽
7. 논리력 등 종합적인 능력을 키운다.
☞ 예시 답안
　쓰레기를 버리면 땅과 물 등 자연이 오염됩니다. 오염된 자연의 물을 마시고 공기로 호흡하며 사는 사람도 건강할 수 없습니다. 또 서울의 쓰레기장이었던 난지도처럼 한 번 오염된 자연을 원래대로 되돌리려면 많은 시간과 노력이 듭니다. 쓰레기가 넘쳐나 앞으로 쓰레기를 버릴 땅도 부족합니다.
　이런 문제를 해결할 수 있는 가장 좋은 방법은 쓰레기를 줄이는 것입니다. 물건을 살 때는 꼭 필요한 물건인지, 물건을 버릴 때는 다시 쓸 수 없는지 한 번 더 생각해야 됩니다. 아껴 쓰고, 나눠 쓰고, 다시 쓰고, 바꿔 쓰다 보면 쓰레기는 자원으로 바뀌게 될 것입니다.

9. 『지도 따라 한 장 한 장 펼쳐 보는 한국의 유네스코 세계유산』

♣63쪽
1. 독해력 측정 문제다.
▶ 예시 답안
　세계유산으로 지정된 순간 그 유산은 소유한 나라만의 것이 아니라, 인류 전체의 유산이 된다.
2. 배경 지식이 필요하다.
▶ 예시 답안
　(순서대로)고인돌, 불국사 석가탑, 종묘제례악, 수원 화성, 팔만대장경, 줄타기
3. 독해력과 배경 지식을 바탕으로 순발력을 요구하는 문제다.
▶ 예시 답안
　(손뼉 박자에 맞춰)경주에 가면 첨성대도 있고, 경주에 가면 첨성대도 있고, 불국사도 있고, 경주에 가면 첨성대도 있고, 불국사도 있고, 천마도도 있고, 경주에 가면 첨성대도 있고, 불국사도 있고, 천마도도 있고, 포석정도 있고~.

♣64쪽
4. 배경 지식을 바탕으로 추론 능력을 기른다.
▶ 정답
　②→⑤→①→③→④
5. 추론 능력이 필요한 문제다.
▶ 예시 답안
　남해 바닷가로 다가오는 왜군을 보니 고민이 많았지. 어떻게 하면 우리 군사가 많이 보이고, 경계가 빈틈이 없어 보일까 생각했어. 그래서 바닷가 언덕 위로 여자들을 불러 모아 군복을 입히고 둥글게 원을 그리며 돌게 했지.

♣65쪽
6. 독해력을 바탕으로 추론 능력을 요구하는 문제다.
▶ 예시 답안
　세종대왕은 백성이 글을 쉽게 배울 수 있어야 한다고 생각했다. 그래야 나라를 다스리기도 쉽고, 억울한 일을 당하는 백성이 적어진다고 본 것이다. 그래서 훈민정음을 만들어 모든 사람이 쉽게 배우고, 편히 사용할 수 있도록 했다.
7. 육하원칙을 사용해 정보 전달 능력을 기르는 문제다.
▶ 예시 답안
　제주 성산일출봉은 지난 2007년 그 모습이 아름다운데다, 약 5000년 전 화산이 만들어진 과정을 연구할 자료가 되는 가치를 인정받아 유네스코 세계자연유산으로 지정되었다.

♣66쪽
8. 독해력을 바탕으로 종합적인 문제 해결 능력을 기르는 문제다.
▶ 예시 답안
　우리나라 세계유산 가운데 경주 역사유적지구를 소개합니다. 경주는 신라의 도읍지로 비교적 많은 문화유산이 남아 있습니다. 고구려와 백제가 영토를 넓히려고 전쟁을 하며 도읍지를 옮겼지만, 신라는 1000년 동안 도읍지를 옮긴 적이 없습니다. 또 고구려와 백제의 도읍지는 전쟁 때문에 불타다가 되었지만, 신라의 마지막 왕인 경순왕은 고려의 왕건에게 나라를 바쳤기 때문에 신라의 문화유산도 그대로 보호될 수 있었습니다. 경주는 도시 전체가 거대한 박물관인 셈이고, 그 가치를 크게 평가 받아 유네스코 세계문화유산으로 지정되었습니다. 우리국민이 유네스코 세계유산을 잘 보호하지 않고 망가뜨리면 세계유산에서 탈락될 수 있습니다. 우리는 세계유산을 있는 그대로 보존하고, 나라에서는 세계유산을 담당하는 기관을 만들어 잘 관리해야 합니다.

10. 『우리 반 암행어사』

♣68쪽
독해 문제다.
1. 정답
　(14쪽)아빠가 피자 가게를 열어 이사를 했기 때문에.
2. 정답
　(36,40,45쪽)지우개와 숟가락 등을 빌려주지 않았고, 신우가 잘못한 일이 있으면 선생님께 일렀다.
3. 정답
　(54쪽)신우의 이야기를 사실대로 쓴 채연이의 일기를 보고.
4. 정답
　(70쪽)국어 시간에 표현 놀이를 열심히 하고, 모둠 친구들을 잘 도와줘서.
5. 정답
　(73~81쪽)물장난하는 친구를 못하게 하는 등 친구들의 잘못된 행동을 바로잡았다/준비물을 빌려주는 등 친구들이 한 착한 행동을 수첩에 적었다가 발표했다 등.

♣70쪽
1. 주인공의 행동을 보고 그의 성격을 추론하는 문제다.
▶ 예시 답안
　정이 많다/덜렁거린다/독립심이 없다/친구나 선생님 앞에서 자기가 하고 싶은 말을 제대로 하지 못하는 것을 보니 용기가 없다 등.
2. 사건의 원인을 다양한 관점에서 분석하는 능력이 필요하다.
▶ 예시 답안
　숟가락과 지우개 등 준비물을 제대로 가져오지 않았다/적극적으로 해명하지 않았다/선생님에게 일러바쳤다/무턱대고 학생을 혼냈다 등.
3. 등장 인물의 행동 이유를 파악하는 능력을 기른다.
▶ 예시 답안
　반 여자애들이 신우에게 관심을 갖자 질투가 나서.

♣71쪽
4. 등장 인물의 입장이 되어 감사의 마음을 쪽지글로 표현하는 문제다.
▶ 예시 답안
　일기장에 내 이야기를 써 줘 고마워. 네 덕분에 선생님이 오해를 푸시고, 나에게 암행어사까지 맡겼어. 앞으로 친하게 지내자. 나도 너처럼 다른 친구를 잘 배려할게.
5. 문제 해결력과 사고의 구체성이 필요하다.
▶ 예시 답안
　승우에게 굴렁쇠를 넘겨달라고 당당하게 말한다 등.
6. 리더가 갖춰야 할 리더십을 알고, 주인공이 리더의 역할을 제대로 했는지 평가한다.
▶ 예시 답안

신우는 용기를 내어 자기 표현을 하며 모범을 보였다/반 친구들이 잘한 점을 찾아내려고 노력했다/자기를 괴롭혔던 승우에게도 공정하게 대했다 등.

♣72쪽
7. 등장 인물의 행동을 비교·분석해 자신에게 적용하는 문제다.
☞ 예시 답안
 -신우는 친구의 잘못한 점을 찾기보다는 잘한 점을 찾아내 칭찬한다/승우는 자신의 기분에 따라 친구를 함부로 대한다.
 -나는 친구들을 대할 때 친한 친구에게만 잘하고, 다른 친구에게는 쌀쌀맞게 굴었다. 앞으로는 전학생이나 친하지 않은 친구에게도 친절해야겠다.
8. 리더의 역할을 잘할 것 같은 친구를 찾아 암행어사로 추천한다. 관찰력과 논리력이 필요하다.
☞ 예시 답안
 행논이를 암행어사로 추천합니다. 친구의 잘못을 선생님께 재미삼아 일러바치지 않고, 잘 감싸줘요. 그래서 친구들이 행논이가 하는 말을 잘 듣기 때문입니다. 행논이가 암행어사가 되면, 우리 반은 행논이를 중심으로 똘똘 뭉치고, 왕따 없이 함께 어울려 지낼 수 있을 것입니다.

♣73쪽
9. 구성력과 논리력 등 종합적인 능력을 키운다.
☞ 예시 답안
 리더는 여러 사람이 모였을 때 전체를 이끄는 지도자를 말합니다. 리더가 있으면 함께 힘을 합쳐 더 좋은 결과를 얻고, 문제가 생겨도 슬기롭게 헤쳐 나갈 수 있습니다.
 이 책에 나오는 나오는 강신우처럼 반 친구들이 믿고 따를 수 있는 사람이 리더가 되어야 합니다. 강신우는 리더라고 자기에게 유리한 일만 하거나, 반 친구들을 함부로 대하지 않았습니다. 평소 자기를 괴롭히던 김승우까지 감싸 안으며, 누구에게나 공정하게 대했습니다. 반 친구들의 사정을 잘 알았지만, 선생님께 일러바치지 않았습니다. 잘못된 행동은 고치도록 하고, 잘한 점을 찾아내 칭찬했습니다.

11. 『왜 맛있는 건 다 나쁠까?-어린이 행복 수업 건강』

♣75쪽
책 내용을 이해했는지 파악하는 문제다. 독해력을 키울 수 있다.
☞ 정답
 1.(6쪽)끼니마다 고기 반찬만 먹어 소화가 잘 안 되기 때문이다.
 2.(19쪽)설탕이 듬뿍 든 초콜릿과 사탕, 과자, 아이스크림, 콜라 등 가공식품을 적게 먹어야 한다.
 3.(43쪽)자꾸 굶으면 정상적인 식사를 할 때 몸은 얼른 영양분을 저장하고, 원래의 체중으로 빠르게 돌아가는 요요 현상이 생긴다.
 4.(55쪽)게임을 너무 오래 하면 정신 건강에 안 좋다. 그럴 경우 게임을 멈추고 푹 쉬어야 한다.
 5.(67쪽)음식에 대한 불만과 스트레스를 없애고 고마운 마음으로 음식을 먹게 되었다.

♣77쪽
1.사고의 유연성과 융통성을 요구하는 문제다.
☞ 예시 답안
 사탕, 달콤하고 먹기 편해서/과자, 고소하고 간식으로 적당해서/피자, 여러 가지 음식 재료가 보기 좋아서/콜라, 톡 쏘는 맛이 시원해서/자장면, 쫄

깃하고 담백해서 등.
2.배경 지식을 바탕으로 정보 압축 능력을 기르는 문제다.
☞ 예시 답안
 ▶햄버거
 1. 치즈와 오이피클 등 서양 음식 재료다.
 2. 음식을 만드는 과정이 간단하다.
 3. 아이들이 좋아하는 간식이다.
 ▶비빔밥
 1. 고사리와 무채 등 전통 음식 재료다.
 2. 음식을 조리하는 데 시간이 걸린다.
 3. 식당에서 간식이 아닌 주식으로 주문한다.

♣78쪽
3.독해력을 바탕으로 분석력과 구술 능력을 키운다.
☞ 예시 답안
 아이스크림처럼 차가운 음식은 설탕을 넣어도 단맛이 약하기 때문에 더 많은 설탕을 넣어야 달고 맛있게 만들 수 있다. 그래서 아이스크림 한 개에는 각설탕 6개가 들어있어. 아이스크림에는 천연 재료는 거의 없고, 화학적으로 만든 색소를 사용해 색깔을 만든단다. 또 딸기와 바닐라, 초콜릿 맛을 내기 위해 여러 가지 합성 향료를 사용하지. 모두 건강에 좋지 않아 적게 먹어야 하는 것들이란다.
4.독해력을 바탕으로 추론하는 문제다.
☞ 예시 답안
 햄버거/피자/치킨/콜라 등.

♣79쪽
5.독해력을 바탕으로 문제 해결 능력과 구술 능력을 기르는 문제다.
☞ 예시 답안
 나물과 채소에는 섬유소와 비타민, 미네랄이라는 영양소가 가득 들어있어. 이러한 음식을 어렸을 때부터 제대로 먹지 않으면 비염과 천식, 아토피 피부염 등 병에 걸린단다. 또 면역력이 떨어져 감기와 복통을 자주 앓게 된대.
6.독해력을 바탕으로 창의성과 문제 해결 능력을 기른다.
☞ 예시 답안
 아프리카의 갓 태어난 신생아들이 저체온으로 죽지 않도록 모자를 떠서 구호품으로 보낸다/굶주리는 아이들에게 먹일 먹을것과 약품을 사도록 구호 단체에 용돈을 기부한다/감사한 마음으로 음식을 먹고 낭비하지 않는다 등.

♣80쪽
7.독해력을 바탕으로 한 정보 압축 능력과 종합적인 문제 해결 능력을 묻는 문제다.
☞ 예시 답안
 1. 아이스크림과 사탕 등 설탕이 많이 든 먹거리와 설탕의 나쁜 점을 많은 친구들에게 알린다.
 2. 급식 시간에 음식을 가리지 않고 골고루 먹고, 남기지 말자는 캠페인을 벌인다.
 3. 인스턴트 음식 대신 나물과 채소를 왜 많이 먹어야 하는지 학교 홈페이지에 글로 써서 올린다.

12. 『큰형 학교 똥장 반장』

♣84쪽

1. 독해력을 바탕으로 분석력과 구술 능력을 키운다.
→ 예시 답안

책임감을 기르는 곳이며, 2학년은 한 반을 책임지는 반장을 맡는다. 반장이 된 어린이는 같은 반 동생들을 돌볼 책임이 있다. 동생들이 화장실에 갈 때나 이부자리를 펼 때도 도와야 한다. 이곳에서는 밥을 직접 해 먹어야 하고 재료도 다 직접 손질해야 한다. 또 돼지들을 돌보고 밥도 줘야 한다.

2. 배경 지식을 바탕으로 문제 해결 능력과 구술 능력을 기르는 문제다.
→ 예시 답안

나래와 산이가 화장실에 가면 따라가서 보살핀다/나래와 산이가 이불을 펼 때도 도와야 한다/나래와 산이가 밥을 먹을 때도 지켜봐야 한다/돼지에게 먹이를 줘야 한다 등.

3. 배경 지식을 바탕으로 추론 능력과 구술 능력을 기르는 문제다.
→ 예시 답안

"세 사람이 똑같이 잘해야 졸업장을 받는 것은 불공평해요. 자기 일은 스스로 알아서 하면 될 일이지 왜 제가 처음 본 동생들을 책임져야 하는 거예요? 1학년은 행동이 느려서 잘 따라오지도 않아 저만 피해를 본단 말예요. 이곳에서 반장은 좋은 게 아니라 차라리 '똥장'이라고 부르는 게 낫아요."

♣85쪽

4. 독해력을 바탕으로 구체성을 기르는 문제다.
→ 예시 답안

▶큰형 학교에 다녀오기 전
- 책임감이 없어 자기 할 일을 스스로 안 하고 엄마에게 미루기만 했다. 선생님의 말을 잘 따르지 않고 하고 싶은 대로만 행동했다. 또 동생들을 배려하고 양보할 줄도 몰랐다.

▶큰형 학교에 다녀온 뒤
- 책임감이 생겨 자신이 맡은 일을 스스로 해결한다. 또 어려움에 부딪혀도 쉽게 포기하지 않고 끝까지 해 내려고 노력한다. 동생들을 돌볼 줄 알고, 선생님과 엄마 말을 잘 듣는다.

5. 배경 지식을 바탕으로 사고의 유연성과 해결 능력을 기른다.
→ 예시 답안

▶2번 : 숙제를 미룬 채 컴퓨터 게임만 하고 있다.
- 숙제를 먼저 하고, 부모님께 허락을 맡은 뒤 정해진 시간 동안 게임을 한다.

▶3번 : 청소 시간에 청소를 하지 않고, 장난만 치고 있다.
- 청소 시간에는 자신이 맡은 구역을 깨끗이 청소하고, 친구들과 하는 놀이는 쉬는 시간을 이용한다.

♣86쪽

6. 독해력을 바탕으로 정보 압축 능력을 기르는 문제다.
☞예시 답안

졸업장

강노을

위 사람은 한 반의 반장이 되어 동생들을 잘 이끌었고, 주어진 일에 책임감을 다했으므로 큰형 되기 학교 졸업장을 드립니다.

○○○○년 ○○월 ○○일

7. 배경 지식을 바탕으로 사고의 유연성과 융통성을 요구하는 문제다.
→ 예시 답안

▶소방관 : 화재를 막고 자연 재해 등 위급한 상황에서 구조 활동에 책임을 다하며 국민의 생명과 재산을 보호한다.

▶우체부 : 비나 눈이 내려도 각 가정에 편지 등의 우편물을 정해진 시간 안에 꼭 전달한다.

▶경찰관 : 국민의 생명과 재산의 보호, 범죄 예방, 교통 단속 등 공공의 안녕과 질서 유지를 위한 책임을 다한다.

▶선생님 : 학생들의 바른 인성과 배움을 위해 힘쓰며, 학생에게 존경받는 어른이 되기 위해 노력한다.

▶기자 : 주변에서 일어나는 각종 사고와 사건, 생활 정보 등을 시민에게 정확하고 공정하면서 신속하게 알려야 한다.

♣87쪽

8. 독해력을 바탕으로 한 정보 압축 능력과 종합적인 문제 해결 능력을 기른다.
→ 예시 답안

▶평가 결과 : 상(3)개, 중(6)개, 하(1)개

▶느낀 점 : 책임감이 '약함'으로 나와 놀랍고, 앞으로 책임감을 길러야겠다고 생각했다. 나에 대한 책임감은 크지만 학교나 사회 등 공동체 생활에서 책임을 잘 이행하지 않는 것으로 나타나 반성의 기회가 되었다. 특히 어려운 이웃을 돕는 일을 빨리 시작해야겠다고 다짐했다.